Bloednacht Mayerling
1889/1945

ISBN 90 5240 022 9
D/1989/4237/7

© 1989 bv Uitgeverij Hadewijch nv   Antwerpen/Baarn

Verspreiding voor Nederland
Combo-dienstencentrum Bosch & Keuning nv, Baarn

Martin Ros

Bloednacht Mayerling

1889/1945

Hadewijch Antwerpen – Baarn

HADEWIJCH'S HISTORISCHE REEKS
onder redactie van Thera Coppens

Eerder verscheen:
Anna Sparre *Koningin Astrid, een vriendschap*
Bernard Quilliet *Christina van Zweden, een uitzonderlijk vorst*
Richard Mullen/James Munson *Victoria, portret van een ko-
ningin*
Joan Haslip *Marie Antoinette*

Voor haar die me het idee gaf en de stimulans.

Inhoud

De Weense wals is de uitdrukking van het positieve levensgevoel. Als het meisje de wals heeft gehoord en gedanst kan ze rustig en tevreden naar de dood verlangen (Uitspraak in het parlement van de K- und K-monarchie, in 1875)

Ik denk aan een Groot-Oostenrijk dat op de Republiek Europa vooruitloopt en zal bestaan uit acht federaties: Duits-Oostenrijk, Tsjechisch Oostenrijk, Pools Oostenrijk, Illyrisch Oostenrijk, Italiaans Oostenrijk, Zuidslavisch Oostenrijk, Hongarije en Zevenburgen. Roemenië en de Boekowina (Kroonprins Rudolf, in 1886)

Dertig jaar is een hele tijd. Het waren voor mij geen vrolijke jaren. De tijd is verstreken en wat heb ik tot stand gebracht? Waar blijven mijn daden en successen? Wij leven in een tijd van neergang, we gaan het moeras tegemoet. Ik was een man van grote verwachtingen maar ik bereid me slechts eeuwig voor op omwentelingen die ik niet zal meemaken. (Kroonprins Rudolf op zijn dertigste verjaardag, 21 augustus 1888).

1. De nacht van Mayerling

Op de avond van de 31e januari 1889 loeit een natte sneeuw-
storm door het Wienerwald, ook rond de vlek Heiligenkreuz, waar kroonprins Rudolf van de koninklijke en keizerlijke Oostenrijk-Hongaarse dubbelmonarchie een jaar
geleden de poedel heeft gekocht die elke dag trouw voor
hem de krant van het stationnetje in Alland naar Rudolfs
jachtslot Mayerling kwam brengen. In de Cisterciënserab-
dij Heiligenkreuz, dertig kilometer van Wenen, acht kilometer van Mayerling, wachten drie commissarissen van 'de
allerhoogste dienst' van de politie in Wenen: Wyslozil,
Habrda en Gorup, op de komst van het lijk van de 17-jarige
Mary Vetsera, die de 30-jarige Rudolf van Habsburg trouw
was tot de dood er op volgde in de *Bloednacht* van Mayerling. Een aantal agenten van lagere rang, die eigenlijk de
wegen in de gaten moesten houden tegen nieuwsgierig geworden landvolk, hebben het in de kou niet kunnen harden.
Ze hebben zich met op hun karwei wachtende doodgravers
meester gemaakt van de voor de Heilige Mis bestemde
wijnvoorraad in Stift Heiligenkreuz en zingen vrolijk vaderlandse liedjes, terwijl de in ijsregen overgegane sneeuw
tegen de hoge glasruiten van de abdij klettert. In de voor-
nacht van 1 februari naderen eindelijk de flakkerende licht-
jes van een koets. De weg is bijna onbegaanbaar van opge-
waaide sneeuw. Tussen Mayerling en Heiligenkreuz is het
rijtuig bij Sattelbach drie keer van de weg geraakt en bijna
vastgelopen.
De commissarissen treden naar voren en deinzen weer even
terug.
Twee in zware winterpelzen gehulde heren, graaf Stockau
en Alexander Baltazzi, beiden ooms van Mary Vetsera,
houden een vrouw overeind in de koets. Ze is jong, ze zit

recht overeind, ze heeft een hoedje met veren op, achter de sluier ziet men de wijd opengespalkte ogen. Het linkeroog is vóór de rit nog door Alexander Baltazzi in het lid gedrukt waaruit het dreigde weg te glijden.

Een tweede rijtuig volgt, daarin bevinden zich de lijfarts van kroonprins Rudolf en zijn assistenten. Graaf Stockau en Alexander Baltazzi voeren het lijk van Mary Vetsera, dat zij in de rug stutten met een stok, uit het rijtuig naar het kleine opkamertje van het klooster. De paters kunnen het niet nalaten, zij luiden als het lijk in de kist wordt gelegd midden in de nacht de kerkklokken. Alexander Baltazzi knipt een zware lok uit het zwarte haar van het meisje, hij zal die schenken aan de inmiddels door de keizer uit Wenen verbannen moeder. Baltazzi drukt een kruisbeeldje in de linkerhand van Mary, de vingers van de rechterhand kan hij niet loskrijgen. Vanaf het moment dat ze stierf ligt daarin een rose zakdoekje met een grote R. er op geborduurd. Graaf Stockau verfrommelt zijn hoed onhandig tot kussen en legt dit neer onder het hoofd van Mary.

Alles is achter de rug

In de vroege ochtend is het weer nog woester. Pas na anderhalf uur graven in de nog halfbevroren grond kan men de kist eindelijk in de aarde laten zakken. Als Baltazzi enige momenten in gedachten verzonken bij het graf blijft staan, legt commissaris Gorup een hand op zijn schouder! 'Alstublieft mijnheer, laten we nu geen tijd meer verliezen maar zo vlug mogelijk maken dat we van het kerkhof wegkomen.'

De commissaris seint naar chef baron Krauss, politiepresident van Wenen, die onophoudelijk in contact staat met de keizer in de Hofburg: 'Alles is achter de rug.'

De ooms van Mary Vetsera ondertekenen beiden een door de artsen opgesteld protocol, waarin werd gesteld dat Mary Vetsera zelfmoord pleegde met een vuurwapen. Ze constateerden een schotwond vanaf de linkerslaap door het rechteroor. De politie had de paters overreed de zelfmoordenares toch te begraven, tegen de rooms-katholieke regel. Het was onmogelijk toe te geven dat Mary gedood was door haar minnaar. Rudolf, van wie eerst was gemeld dat hij een beroerte had gekregen, vervolgens dat hij een hartverlamming kreeg en tenslotte dat hij in een vlaag van verstandsverbijstering zelfmoord pleegde, kon nu ook katholiek worden opgeborgen in de historische dodenkelder van de Habsburgers in Wenen.

Mary Vetsera

Mary's vader, de baron Vetsera, was in zijn functie als regelaar van de 'dette publique egyptienne' in 1887 aan een longziekte in Cairo gestorven. Mary leek het meest op haar moeder Helene Baltazzi, die van half zigeunerachtige herkomst was. Mary had vier ooms, twee van hen, Alexander en Aristides wonnen aan de lopende band met hun Kisbypaarden de Derby en grote prijzen van Parijs en Wenen. Hector Baltazzi was de onophoudelijke kampioen van de steeple-chase, voorts beheerde hij het gigantische kapitaal van de baron Hirsch die onder meer de Bagdadspoorlijn dwars door de Balkan en Turkije heen aan liet leggen. Aan de handelingen van de ooms hing regelmatig ook een weinig welriekende geur van onregelmatigheden. De beroemde, op keizerin Sisi verliefde Britse jockey Bay Middleton vond dat ze een uur bleven stinken in de wind, al baadden ze zich elke dag driemaal in eau de cologne, champagne en berkenwater.

Mary's moeder Helene, die zich in 1882 in Wenen genesteld had in een paleisachtige villa aan de Salesianerstrasse was een gereputeerde mannenjaagster. Ze joeg ook op Rudolf, keizer Franz Joseph kreeg er lucht van en waarschuwde Sisi voor Helene Vetsera. Als achtjarige zag Mary, op de tribune bij de zilveren bruiloftsoptocht voor Franz Joseph en Sisi, Rudolf voor het eerst. Op haar eerste avond in de Weense opera, op 12 april 1888 ziet ze Rudolf pas voor de tweede keer. Mary en haar zusje stallen, zoals een salonblad constateerde, triomfantelijk hun bekoorlijkheden en gra-

tiën voor zich uit. Mary draagt een japon van witte mousse-
line waarin haar weelderig ontwikkelde boezem opvalt. Ze
ziet er eerder verblindend lieftallig dan uitzonderlijk knap
uit. Ze heeft een massa donkere haren, die met vertederend
raffinement is opgestoken. Onder haar zware zwarte wenk-
brauwen zijn haar ogen blauw als de bloempjes in maagden-
palmen. Ze heeft een korte parmantige neus, heerlijke volle
lippen en schitterende tanden. Ze vindt dat Rudolf er ongelukkig als Hamlet uitziet. 'Niemand troost hem.'
Ze vindt de kroonprins nog mooier dan ze op de portretten
heeft gezien. Vanaf dat moment kleurt ze vrijwel steeds als
Rudolfs naam wordt genoemd. Ze is in tegenstelling tot alle
negatieve pers die later over haar is verspreid, van een le-
vendige geïnteresseerdheid en intelligentie. Ze speelt piano,
ze zingt, ze tekent, ze schrijft uitstekende Franse en Engelse
brieven. Ze slaapt nog altijd met het kruisje van haar eerste
communie boven haar hoofd. Ze verblijft tijdens haar va-
kanties op het Erziehungsinstitut für adelige Mädchen verschillende maanden in Engeland en Egypte, waar mannen
op haar verliefd worden. De graaf Fugger verbreekt zelfs
onmiddellijk zijn verloving om naar Mary's hand te kunnen
dingen. Mary's moeder Helene geeft voorlopig graaf Braganza als de eventuele 'epouseur' de beste kans, maar nooit
is komen vast te staan of Braganza de eerste minnaar werd
van de zeer vroegrijpe Mary. Door Rudolf werd Braganza
later 'Wasserer' genoemd, omdat hij zich altijd uitsloofde
om de paarden voor het rijtuig van Mary water te geven.
Mary speelde nog als zestienjarige graag met haar verzameling loden soldaatjes. Ze was, zo is nog na te lezen in de
kranten uit die dagen, een briljant schaatsenrijdster geweest. Het mooist zou ze er hebben uitgezien in haar zwart-
groene rijkostuum temidden van de rode cavaliers die ter
jacht trokken.
Op 25 september 1888 wordt ze door de prins van Wales, de
latere Edward VII, die, lijdend aan dezelfde *Kronprinzenfieber* als Rudolf, erg goed met de kroonprins kon op-
schieten, aan Rudolf voorgesteld. Ook gaat het gerucht dat
Rudolf haar betrapte bij haar pogingen een gesprongen
kouseband te herstellen in de tuin van Schönbrunn. Rudolf

vertelde aan de gravin Marie Larisch dat haar zeer diepe decolleté hem de eerste keer dat hij het zag machtiger bekoorde dan bijvoorbeeld haar vilten hoed of bontjasje.

Er bestaan geen gegevens over hun ontmoetingen vóór de fatale januarimaand van 1889. Volgens Marie Larisch ontmoetten ze elkaar nu eens onder viaducten, dan weer in parken, nu eens in door Rudolf gehuurde huizen, dan weer op de Hofburg, waar allerlei geheime gangen naar Rudolfs privé vertrekken voerden. Er zouden avonden geweest zijn waarop ze drie keer bij Rudolf terugkwam. Er bestaat een aantekening van Mary waaruit zou kunnen blijken dat ze pas op 13 januari 1889 Rudolfs geliefde werd.

'13 januari: Dank aan het lot, nu behoren wij met lichaam en ziel tot elkander.' De arts – historicus Holler is voorlopig de laatste in een rij van Mayerling-monografen die stellen dat Mary al vóór 1889 zwanger van Rudolf raakte. Hij zou met haar zijn overeengekomen dat ze met Braganza trouwde of naar Engeland ging om daar in het geheim te bevallen. Ongeveer een jaar eerder verdween barones Agla Auersperg ook naar Londen om een onechte zoon van Rudolf te baren. Er bestaat een curieuze aantekening in het rapport dat politiechef Krauss in opdracht van Franz Joseph over diens zoon bijhield. Hij zet een vraagteken bij de mogelijke zwangerschap, omdat Theresia Miller, de traditionele baakster van ongehuwde hoge adel in Wenen, in de Hofburg is gesignaleerd. 'Wenn die Miller da ist kommt immer was Kleines.' Holler denkt dat Theresia Miller door Rudolf is ingeschakeld bij de poging tot abortus die hij hoogst persoonlijk met zeer gebrekkig materiaal – een katheter en een kaars – bij Mary ondernam.

De geweldige bedragen die Marie Larisch van Rudolf ontving en die zij via Mary ook van hem vroeg – ze trad op als trait d'union voor de geliefden – zouden tendele 'zwijggeld' zijn geweest. Marie Larisch heeft na het verdwijnen van Mary naar Mayerling een uiterst geheimzinnige brief met vreemde toespelingen aan Krauss geschreven, om deze in actie te brengen tegen Rudolf. Zij zou voor Rudolf ook een kistje overhandigd hebben aan diens vriend aartshertog Johann Salvator van Toscane die met Rudolf betrokken zou zijn in een complot met de Hongaarse oppositie, die Rudolf tot koning van Hongarije wilde maken. Het complot mislukte. Rudolf liet de stukken, die zijn betrokkenheid bewezen, via Marie Larisch uit de Hofburg verwijderen. Op het kistje, dat ze aan Johann Salvator gaf stond R.I.U.O.: Rudolf Imperator Ungariae Osterreich.

Op de Hofburg is een asbak gevonden waarop Mary had geschreven: 'Liever revolver, geen gift. Revolver is veiliger.' Kort vóór het Mayerling-drama heeft Mary verschillende malen met haar Franse leraar Dubray gesproken over de geruchtmakende Chambige-affaire waarbij twee geliefden samen vrijwillig in de dood gingen. Pas in het weekend van 26 en 27 januari zou Helene Vetsera achter de relatie van haar dochter met Rudolf zijn gekomen want Mary werd wel Mary Dear genoemd maar gold als het slechtst *gehütete Mädchen* van Wenen. Helene Vetsera vond een testament van Mary dat op haar zeer aanstaande dood leek te preludiëren en een kostbare etui waarop de naam Rudolf was gegraveerd. De nuchtere communis opinio van de meeste oor- en ooggetuigen is dat Helene loog en al maandenlang van de affaire wist en daarvan genoot.

Op zondag 28 januari waren Rudolf en Mary beiden aanwezig op een door de Duitse gezant Reuss ter ere van kroonprins Wilhelm georganiseerd bal. Rudolf zag zeer op tegen zijn aanstaande reis naar Berlijn, hij sprak daar vóór het bal nog over met de journalist Szeps die Rudolf geregeld op de Hofburg bezocht. Op het bal zou zich een scène hebben voorgedaan toen Mary Vetsera, die met haar diepste decolleté gebukt ging onder een toren van diamanten in haar haar, brutaal de blikken kruiste van Rudolfs vrouw Stefanie en openlijk glimlachte tegen de kroonprins. Er zou ook een scène zijn geweest tussen Franz Joseph en Rudolf waarbij de keizer onder meer had geschreeuwd dat Rudolf niet waardig was zijn opvolger te worden. Rudolf zou de keizer hebben voorgesteld te scheiden van Stefanie om morganatisch te trouwen met Mary, hij zou daartoe ook al een verzoek hebben gedaan bij paus Leo XIII.

Al deze suggesties zijn evenzoveel speculaties; er bestaan ook geheel andere getuigenissen die voornoemde incidenten totaal tegenspreken. Vast staat slechts dat Rudolf op de ochtend van maandag 28 januari 1889 op de Hofburg een telegram ontving waaruit hij besloot: 'Es muss sein, ja.' Tegenover Szeps heeft hij in elk geval verklaard in een onmogelijke relatie tot zijn vader te zijn geraakt. Hij organiseerde met de hulp van Marie Larisch de ontsnapping van Mary uit haar ouderlijk huis, waarna Rudolf en Mary er in slaagden ook Marie Larisch op een dwaalspoor te zetten. Rudolf liet Mary in een koets met Bratfisch op de bok naar de uitspanning Roter Stadl, op de helft van de route van Wenen naar Mayerling brengen. Daar voegde hij zich, na gedeeltelijk het traject te hebben gelopen, bij Mary. Zijn huisknecht Loschek wachtte hen op in Mayerling, een jachtslot met veel standbeelden in de gangen en tralies voor de meeste ramen. Rudolf liet zich afmelden voor het diner dat op dinsdagavond werd gegeven bij gelegenheid van de verloving van Rudolfs zuster Marie Valerie. Er werd op bevel van de keizer normaal gedekt voor Rudolf. Diens vrouw Stefanie was wel aanwezig. Zij zou die avond in een tête-à-tête de keizer hebben gewaarschuwd. Rudolf kon wel iets heel anders van plan zijn dan de plotseling bij hem opgekomen jachtpartij vanuit Mayerling, waarvoor hij zijn vrienden, vorst Philip van Saksen-Coburg, getrouwd met Stefanie's zuster Louise, en de graaf Hoyos had uitgenodigd. Deze hadden overigens op maandagavond al te horen gekregen, dat Rudolf wegens een verkoudheid niet mee kon ter jacht. Het is altijd een raadsel gebleven wat Rudolf en Mary precies in de nacht van maandag op dinsdag en op de grotendeels ook samen doorgebrachte dinsdagavond en nacht van dinsdag op woensdag hebben besproken. Waarschijnlijk zijn de meeste brieven, waarvan enkele 'blauwdrukken' door beiden vanuit Wenen meegenomen, in Mayerling na voortdurende nieuwe redactie voltooid. Rudolf schreef korte, bijna zakelijke brieven aan zijn vrouw, aan zijn moeder, aan zijn zuster aartshertogin Valerie, aan de sectiechef van het ministerie van buitenlandse zaken Szögyeny – aan wie hij al zijn papieren toevertrouwde – aan de bankier baron Hirsch – bij wie hij geregeld grote schulden had het laatste jaar – en aan Mizzi Caspar met wie Rudolf nog de nacht van zondag op maandag had doorgebracht. Er waren geen brieven voor de vader van Rudolf, evenmin als voor de toch zeer vertrouwde Szeps, Bombelles en Marie Larisch. Aan de laatste was er wel een kort briefje van Mary waarin ze Marie Larisch opwekte als het leven haar te zwaar werd – 'en dat zal het worden' – hen te volgen op de weg die zij gekozen hadden. 'Het is het beste wat je doen kunt.' In de brief aan haar zusje schrijft Mary dat zij en Rudolf heel nieuwsgierig zijn naar wat hen in de nieuwe wereld te wachten staat. Rudolf waarschuwt in de brief aan zijn zuster zo spoedig mogelijk de ten ondergang gedoemde Habsburgmonarchie te verlaten. Aan haar moeder verklaart Mary, dat op dinsdagavond Bratfisch nog lang heerlijk voor hen heeft gefloten. De als Das Nockerl bekend staande Bratfisch kon namelijk even goed koetsieren als fluiten, zingen en dansen. Bratfisch was ook degene die al een uur vóórdat Coburg, Hoyos en Loschek, na de deur van de slaapkamer te hebben geforceerd, de lijken ontdekten, van Mayerling wegreed en liet weten dat er die dag geen jachtpartij zou plaats hebben omdat de kroonprins dood was. Omdat alle officiële stukken en verklaringen over de affaire door de politie in beslag zijn genomen en via Taaffe ofwel zijn vernietigd ofwel voor altijd verborgen, kan nog altijd geen enkele biografie met meer komen dan speculaties, ook al omdat betrekkelijk korte op schrift gestelde verklaringen van Loschek en Hoyos elkaar tegenspreken. Een raadsel blijft dat het overige Mayerling-personeel niets zou hebben gemerkt van de dramatische gebeurtenissen of in staat is geweest onder druk van de politie later het stilzwijgen te bewaren. De nakomelingen van dit personeel, van omwonenden, van allerlei figuren die iets met Mayerling of de kroonprins ooit in hun leven te maken zouden hebben gehad, hebben tot vandaag toe de meest fantastische verhalen verteld die ze van hun ouders of zelfs voorouders doorgekregen hadden. Op de Frankfurter Buchmesse 1988 bood de Styria Verlag mij nog het manuscript aan van ene Clemens Gruber, een gewezen opera-directeur die beweerde in het manuscript *Schicksalstage von Mayerling* nieuwe documenten en uitspraken bijeen te hebben gebracht. Het mammoetmanuscript bleek een verzameling van ongeveer alle speculatieve veronderstellingen en mythen die in honderd jaar-Mayerling zijn geuit of opgeschreven. Bij de Mayerlingherdenking-1989 was het boek van Gruber, waarvoor zelfs de Styria Verlag ondanks de verkoopmogelijkheden terugschrok, nog steeds niet verschenen. Gruber komt intussen nog met de zoveelste oplossing: Rudolf is vermoord door Alexander Baltazzi die wraak kwam nemen voor de ontering van zijn nicht Mary, die dan waarschijnlijk door Rudolf is gedood, nadat ze hem had bedreigd of zelfs in zijn slaap ontmand.

Tot aan het eind van de vorige eeuw toe is de Oostenrijkse politie in de weer gebleven om elk document over Mayerling in beslag te nemen en elke krant en elk boek dat met drieste 'getuigenissen' kwam, te confiskeren. Deze oorlog heeft Habsburg in elk geval gewonnen, het is bijna ongelooflijk dat zulk een gigantische affaire zo officieel de doofpot in kon gaan. Voor de officiële versie van Mayerling bestaat Mary niet, Rudolf pleegde, omdat zijn verstand verduisterde, zelfmoord. Uiterst raadselachtig blijft wat op de ochtend van de 30e januari 1889 gebeurde. Loschek waarschuwde Hoyos, die elders in Mayerling logeerde, dat Rudolf op zijn kloppen maar niet verscheen, nadat hij eerder op de ochtend nog verzekerd had om acht uur gereed te zullen zijn.

Er is in heel veel Mayerlingboeken een enorm gemarchandeer met allerlei tijdstippen waaruit conclusies zouden kunnen worden getroffen. Het meest bevreemdende blijft dat Loschek, Hoyos en Coburg samen, nadat ze eindelijk de deur hadden geforceerd, na een vluchtige blik in de kamer te hebben geworpen concludeerden, dat Rudolf en Mary – Loschek had inmiddels verteld dat Mary bij Rudolf was – zich hadden *vergiftigd*.

Ze hebben de lijken niet bekeken en ze hebben de kamer de kamer gelaten, terwijl later tientallen verschillende verklaringen zijn gegeven over de enorme chaos, alsof er een compleet vuurgevecht of duel had plaats gehad, met bovendien een kogel in het nachtkastje – die later door keizerin Sisi als relikwie is bewaard – en tal van verbrijzelde ramen en voorwerpen.

Het officiële door niemand dan de keizer ooit aanschouwde Mayerling-rapport – 277 bladzijden – van de artsen, die in de loop van woensdag Rudolfs lijkschouwing verrichtten, zou, naar we uit opmerkingen van aan de lijkschouwing deelnemende artsen later kunnen concluderen, melding hebben gemaakt van niet minder dan 24.000 in Mayerling gecatalogiseerde voorwerpen en stukken. Coburg die op de ochtend van de 30e januari het meest in de war was, heeft in wanhoop op vragen over de ware toedracht eenmaal uitgeroepen: 'Het is veel erger geweest dan men zich zelfs maar zou kunnen voorstellen.' De rol van Hoyos blijft het meest omstreden. Hij heeft op dinsdagavond nog met Rudolf gegeten en uitvoerig gesproken. Deze leek hem toen ook vanwege diens verkoudheid in wat milde, verstrooide maar beslist niet overspannen conditie. Trouwens, ook over Rudolfs optreden op het bal van Reuss op zondagavond, bestaan getuigenissen dat hij er 'stralender' uitzag dan ooit tevoren. Hoyos was merkwaardig genoeg precies op de 28e januari bijzonder verrassend benoemd tot *Geheime Rat*. Deze, van origine Spaanse graaf, stond bekend als een zeer onbetrouwbare, sluwe opportunist, met een razende geldingsdrang. Juist hij reisde na de ontdekking van de lijken als de wind naar Wenen, hij liet daarvoor zelfs de sneltrein in Baden tot staan brengen en liet het gebeuren in Mayerling zo onhandig kwasi 'uit zijn mond' vallen, dat het meteen de wereld in kon worden getelegrafeerd. Zo wist bv Rothschild, de spoorwegbaron, eerder van Rudolfs dood dan het keizerlijk paar. Sisi, die net met de Griekse les bezig was, werd als eerste ingelicht. Zij bracht het nieuws aan de keizer die slechts één moment ineenstortte. Pas de volgende dag kon Franz Joseph er door de artsen van de lijkschouwing van overtuigd worden dat Rudolf zelfmoord pleegde en niet aan een beroerte of hartverlamming stierf zoals officieel 24 uur was volgehouden. 'Dan is hij dus gestorven als een kleermaker,' was de keizerlijke reactie. Sisi heeft zich vervolgens laten onderzoeken op de mogelijkheid of ze nog kinderen kon krijgen, ze was toen 51.

'Laat mij nog even de vrede van het licht, als ik dadelijk in mijn graf lig zal het donker genoeg zijn,' zei Rudolf enkele dagen voor zijn dood tegen gravin Festetics, die het licht uit wilde doen in een gang. Er zijn nogal wat getuigenissen over Rudolfs preoccupatie met de dood vanaf nieuwjaar 1889. Niet alleen Mizzi Caspar – aan haar zelfs nog tijdens de laatste nacht die hij met haar doorbracht – maar ook aan officieren stelde Rudolf voor gezamenlijk zelfmoord te plegen. Hij sliep de laatste weken met twee revolvers onder zijn hoofdkussen. Hij had, verneemt men steeds van de laatste oor- en ooggetuigen, een 'flakkerende' blik. Hij zou de vrees hebben uitgesproken in woede de Duitse keizer Wilhelm II te zullen vermoorden, als hij tijdens het officiële staatsbezoek, dat hij moest afleggen, met Wilhelm op jacht zou gaan. 'Niemand die zichzelf doodt, heeft niet tevens de wens een ander te doden,' reageerde Rudolfs zuster Valerie, die trouwens, toen men haar kwam vertellen dat er slecht nieuws was, meteen riep: 'Dus Rudolf heeft zelfmoord gepleegd!'

Rudolfs huwelijk was in een uitzichtloze impasse gekomen. Hij voelde zich ziek. Hij had aan Szeps voorspeld dat zijn vader minstens honderd zou worden, er was geen schijn van kans op spoedige opvolging. Bismarck liet Duitsgezinde kranten in Oostenrijk een heftige lastercampagne tegen de filo-semiet Rudolf voeren. Hij werd onder meer beschuldigd van bedenkelijke contacten met verjoodste Franse geldmagnaten. De enorme verkiezingsoverwinning van generaal Boulanger in Frankrijk, die zich op leek te maken voor een dictatuur en maar één program had: radicaal-nationalisme en oorlog tegen Duitsland, revanche voor 1871, voorspelde een volledige doorkruising van Rudolfs streven naar een entente tussen een liberaal Oostenrijk en een gematigd republikeins Frankrijk.

In Mayerling ontving Rudolf diverse telegrammen uit Boedapest. Daar was het tot ongeregeldheden gekomen, maar de coup van een radicale groep rond Karolyi en Teleki om Hongarije geheel los te scheuren uit de k- und k-monarchie en Rudolf tot koning van een nieuw vooruitstrevend Hongarije te kronen, als basis voor een nieuw Balkanrijk, was in elk geval – hoe duister verder de achtergronden ook zijn gebleven, – mislukt. 'Twintig jaar zullen nog niet genoeg zijn om me te genezen van mijn vermoeidheid,' was Rudolfs laatste opmerking tegen zijn trouwe kamerbediende Nehammer voor hij naar Mayerling vertrok.

Het raadsel-Mayerling blijft. Was Rudolf werkelijk zo verliefd op Mary Vetsera dat hij haar doelbewust verkoos tot gezellin in de dood? Was het zijn wraak op het leven dat hem geen perspectief meer bood? Is hij er na bijna twee dagen en nachten praten met Mary niet in geslaagd deze even intelligente als romantische jonge vrouw af te houden van haar absolute beslissing met Rudolf vrijwillig mee ten onder te gaan?

Tegenover de dubbele zelfmoordversie staan tal van andere. Rudolf zou, vanwege zijn gevaarlijke politieke aspiraties, in opdracht van aartshertog Albrecht en zelfs met medeweten van Franz Joseph zijn gedood. Rudolf zou zijn gedood in een duel door een boswachter wiens vrouw hij had onteerd. Alexander Baltazzi nam wraak op Rudolf omdat hij Mary had ontvoerd. Mary heeft Rudolf in zijn slaap gecastreerd, omdat hij verteld had niet met haar te zullen trouwen; daarna doodde Rudolf Mary en zichzelf. Keizerin Zita kwam, om wraak te nemen op de Clemenceau die in Versailles voor de definitieve ontbinding van de k- und k-monarchie zorgde, enkele jaren geleden nog met de verwarrende onthulling dat Rudolf in opdracht van Clemenceau is vermoord, omdat deze juist geen liberaal maar een reactionair Oostenrijk wilde, om daar de Eerste Wereldoorlog tegen te kunnen ontketenen. Etc. Etc.

Aan het fabelen over het raadsel van Mayerling hebben tientallen de laatste honderd jaar verschenen romans, toneelstukken, films meegedaan. De belangrijkste biografe van Rudolf, Brigitte Hamann, neigt de laatste jaren sterk tot de veronderstelling dat Mary toch zwanger kan zijn geweest en dat de problematiek in verband daarmee de impasses in andere opzichten, waarin Rudolf zich bevond, hebben verscherpt en gepolariseerd. Er is echter nooit één stuk teruggevonden in het Vaticaan of in een brief van enige kardinaal of bisschop waarin Rudolf kerkelijke toestemming tot echtscheiding heeft verzocht. Het Vaticaan heeft zich onder leiding van kardinaal Rampolla alleen even schrap gezet tegen een kerkelijke begrafenis van de zelfmoordenaar en ging pas na uitdrukkelijke vaststelling van Rudolfs 'krankzinnigheid' akkoord. Franz Joseph nam wraak door er voor te zorgen, dat de uitgesproken papabile kardinaal Rampolla na de dood van Leo XIII géén paus werd...

Waarom zou de oplossing niet eenvoudig deze kunnen zijn: Rudolf was in een aantal doodlopende straten *tegelijk* geraakt. Men kon zijn zelfmoord zien aankomen. *Niemand* heeft zich ingezet om die zelfmoord te voorkomen. Tevelen hadden er géén belang bij Rudolf te behouden. Mary koos er als enige voor Rudolf te behouden: in de dood.

2. De vader: Franz Joseph

Toen in 1848 de revolutie uitbrak, die het Habsburgrijk van Midden-Europa bijna in de afgrond stortte, zat er al bijna dertien jaar een halve gare op de Oostenrijkse troon: Ferdinand de Goede. Hij had een ongeproportioneerd lang hoofd, een scheve mond en de ergste van alle dikke Habsburglippen. Regeren hoefde hij eigenlijk niet, dat deed de koetsier van Europa, Metternich. In de eerste huwelijksnacht met de arme Maria Anna van Sardinië kreeg Ferdinand de Goede vijf epileptische aanvallen van schrik en stond meteen vast dat het huwelijk kinderloos zou blijven. 'In die hele familie,' merkte Sophie van Beieren op, 'valt hij nu ook weer niet zó mal op.' Zij was getrouwd met Franz Karl, Ferdinands broer, die geestelijk ook niet zeer stevig in de schoenen stond. Maar Sophie, wier zusters al meeregeerden in Dresden, Berlijn en Possenhofen, ontwikkelde een ander plan. Ferdinand moest aftreden maar zou niet opgevolgd worden door Franz Karl maar regelrecht door diens kwieke 18-jarige zoon, Franz Joseph.

Sophie gold als de enige man in de familie en ze bleek ook mans genoeg om Metternich tot aftreden te dwingen. Wat niet betekende dat ze een draad toegaf aan de studentenrevolutie die het sein was tot de revoluties in Bohemen, Italië en Hongarije. 'Liever verlies ik al mijn kinderen dan over een studentenmaatschappij te regeren.' *Bella gerant alii, tu, felix Austria, nube* was eeuwenlang een Habsburgse leus: laat anderen maar oorlog voeren, gij gelukkig Oostenrijk trouwt wel. Dit keer hielpen huwelijken niet. Het woord was aan de generaals: Windischgraetz, Radetzky, Haynau en de zich met zijn Kroaten ferm aan het Habsburgse huis verbindende Jellacic. De nieuwe minister-president Schwarzenberg stelde het duidelijk: 'De basis van een regering is geweld, geen ideeën.' Na een oorlogsperiode van iets meer dan een jaar waren de revoltes neergeslagen. Op 2 december 1848 was Franz Joseph gekroond tot de nieuwe keizer in het bisschoppelijk paleis van Olmütz. 'Vaarwel, jeugd!' verzuchtte Franz Joseph. Hij was knap, met zijn rossige blonde haar en blauwe ogen, en zijn niet al te dikke Habsburglip. Hij had als twaalfjarige de mooiste tinnen soldaatjesverzameling ter wereld en speelde daar uren mee. Op achttienjarige leeftijd kende hij, zoals hij het trots zelf eens omschreef met het enige greintje humor dat hij bezat, 'elke knoop van elk uniform in het leger.' Hij had als kind vaak last van pijn in zijn rug en droeg daarom altijd een corset, zodat hij ook op bejaarde leeftijd nog verrassend recht en straf liep. Hij was een danser van allure, vooral in polka, quadrille, mazurka en polonaise. Hij kreeg de troon kado onder de meest horribele omstandigheden.

Dat hij het Rijk binnen een jaar redde, gaf hem meteen grandioze allure. Hij liet zich door de generaals bepraten om hard en wreed te zijn waar dit moest. Hongaarse opstandelingenleiders liet hij dagenlang aan hun galgen bengelen. De kerk stond achter de keizer, kardinaal Rauscher liet weten: 'De stilte van de doden en gehangenen is een garantie voor een nieuwe grote ontwikkeling van een rijk dat toch ons heilige roomse rijk blijft.' Ook Pruisen moest nog onder het juk door en zich in Olmütz, in 1850, het dictaat van de Olmützer Punktation laten opleggen; Oostenrijk was de feitelijke meester van het oude heilige Roomse rijk. In 1853 brak de oorlog uit tussen Rusland en Frankrijk/Engeland, toen Rusland de doorbraak naar de Middellandse Zee wilde forceren en zich opwierp als de opvolger van Byzantium. Hier heeft de grote kans gelegen voor Franz Joseph. Als hij zich toen verbonden had met Rusland, zouden de twee rijken samen het Europese machtsspel voorlopig in hun voordeel hebben kunnen beslissen. Maar Oostenrijk bleef neutraal. Het was een slag in het gezicht van de Russen, die Oostenrijk hadden geholpen om de Hongaarse opstand neer te slaan. Tsaar Nicolaas I verklaarde: 'Wie zijn de twee domste heersers uit de geschiedenis? Sobieski en ik, want wij hebben het Oostenrijkse huis gered. Habsburg doet mij

versteld staan door haar ondankbaarheid.' Een Hongaarse
ex-opstandeling zag zijn kans schoon en deed een aanslag op
Franz Joseph. De keizer werd behoorlijk gewond maar ging
na drie dagen al weer aan het werk. Hij zou de wereld tot
aan zijn dood in 1916 verbazen met zijn ritmische regelmaat
en werkkracht.

Comtesses hygieniques

Franz Joseph had een heftig temperament. Sophie regelde
het zó, dat hem keurig op tijd steeds de zogenoemde 'com-
tesses hygieniques' ter beschikking stonden. Ze was trots
op zijn viriliteit. Ze was zelf kuis geworden als een kerk
naast haar sukkelige echtgenoot maar haar vroegere erotische reputatie was aanzienlijk. Er werd ook gefluisterd dat
ze een sexuele relatie had met Napoleons zoon, – koning
van Rome en hertog van Reichstadt – die tot zijn droeve
dood in 1832, vanaf de val van zijn vader, zijn dagen sleet als
feitelijke gevangene in de Hofburg. Er werd ook gefluisterd
dat misschien Franz Joseph en diens broer Maximiliaan wel
kinderen waren van Napoleon II. Franz Joseph's flitsende
romantische huwelijk met Sisi van Beieren is al honderden
malen uitputtend beschreven en geromantiseerd. De ro-
mantiek was er, na de mislukte eerste huwelijksnacht, snel
af. Ze hebben elkaar tot aan Sisis dood in 1898 ontzaglijk
veel brieven geschreven. Dat moest ook wel, want Sisi was
veel vaker op reis dan de keizer. 'Haar brieven,' klaagde
Franz Joseph eens, 'zijn voor mij even mysterieus als de
raadselen van de rk godsdienst.' De keizer heeft, al bleef hij
waarschijnlijk eeuwig verliefd op zijn vrouw, Sisi al heel
vroeg bedrogen. Ze liep via hem een venerische ziekte op
die haar zwellingen aan polsen en knieën bezorgde.

Neergang

De neergang van het Habsburgrijk zette in 1859 in met de
nederlagen in Italië tegen een verbond van Fransen onder

Napoleon III en van Piedmont-Savoye, dat zich opwierp als rompstaat voor het toekomstige Groot-Italië. In 1863 verzekerde Bismarck aan Disraeli dat hij elke gelegenheid zou aangrijpen om Oostenrijk de oorlog te verklaren. De gelegenheid kwam in 1866. Het liep uit op de verschrikkelijke Oostenrijkse nederlaag bij Königgrätz. Franz Joseph liep lijkbleek als reddeloze en redeloze strateeg rond. Sisi vluchtte met de kinderen – Gisela, de oudste dochter en de in 1859 geboren Rudolf die ijverig opwekkende vaderlandse briefjes aan zijn vader schreef – naar Hongarije. Zelfs de stumperd Ferdinand stamelde in zijn paleis in Praag: 'Waarom ben ik in 1848 eigenlijk gedwongen om af te treden?' Franz Joseph moet akkoord gaan met een splitsing van het rijk in een dubbelmonarchie. Hongarije, waarvan hij koning wordt – vandaar voortaan: K- und K-monarchie – krijgt volledig zelfbestuur, er zijn met Oostenrijk gezamenlijke portefeuilles voor buitenlandse zaken, oorlog en financiën. In 1872 treedt Franz Joseph toe tot het verdrag van Pruisen/Duitsland met Rusland, dat een herstel lijkt van de Heilige Alliantie uit 1815. Alleen heeft Franz Joseph ditmaal het gevoel dat hij van het slagveld komt om tegen zich zelf te vechten.

Burocraat

Franz Joseph ontwikkelde zich tot superburocraat. Hij controleerde zelfs of de adressen op uitgaande brieven klopten. Hij verzond dagelijks tientallen telegrammen. Hij zat elke dag rond zes uur aan zijn buro, achter de stukken. Hij was zuinig. Een knecht droeg eerst zijn broeken, zodat ze lekker zaten; als ze dreigden te verslijten liet hij er stukken in zetten. Toen de Duitse keizer – de triomfantelijke overwinnaar van Frankrijk in 1870/71, Duitsland was nu de dominerende Europese macht – eens op bezoek kwam en de hofhouding champagne meende te moeten inslaan, zei Franz Joseph: 'Geen sprake van, laat die Duitsers maar bier drinken.' Franz Joseph haatte het lachen om anecdotes, de ironie, de small talk. Hij beleed altijd de laatste opinies die hem door zijn ministers als veilig waren voorgekauwd.

Hij was erg gesteld op de onbenullige jovialiteit van b.v. de Servische koning Milan die zó slecht regeerde dat Servië van vazal tot aartsvijand van Oostenrijk zou kenteren, en van de lompheid van minister Berthold die Franz Joseph tot zijn fatale ultimatum in 1914 verleidde. Hij was een slecht spreker, hij hakkelde en stotterde en klampte zich misschien daarom vast aan zijn enige watermerk dat onberispelijk was: het protocol, de etiquette, de orde op zaken. Zijn oren stonden naar het luisteren naar ambtenaren die geheime stukken of rapporten voorlazen. Er slingerde nooit papier op zijn buro, de tafels en stoelen stonden altijd opgesteld als een piket soldaten. Hij werkte het liefst in een kaal vertrek en sliep in een ijzeren bed en nam 's avonds enkel melk met roggebrood.

Hij genoot soms een beetje van operette, al snurkte hij er meestal een kwartier nadat hij in z'n loge had plaats genomen al tevreden op los. Hij was totaal ongeïnteresseerd in boeken. Toen in 1866 Wenen, dat de nederlaag tegen Pruisen snel vergat, op z'n kop stond van *Psychopathia sexualis* van Richard Krafft-Ebing, een van de revolutionaire boeken van de 19e eeuw, was Franz Josephs reactie: 'Een nieuwe latijnse grammatica zou beter zijn geweest.'

Franz Josephs minnaressen

Erotiek maar vooral gezelligheid zocht hij, toen de koelheid van Sisi uitgroeide tot verpletterende frigiditeit, enige tientallen jaren bij de toneelspeelster Katharina Schratt. Hij puzzelde met haar, ze verstelde zijn broeken en breide nieuwe onderlijfjes voor hem, ze schonk hem een glaasje champagne en dit alles onder aanmoediging van Sisi die Franz Joseph waarschijnlijk bij Katharina Schratt in bed heeft gelegd. De keizerlijke brieven aan *Herr Schratt* – zó werd Katharina door het hofpersoneel genoemd – zijn geen liefdesbrieven, maar wel vol liefde. Er ging toch wel zoveel erotische tinteling van deze in de grond zeer hebberige en speelzuchtige vrouw uit, dat ook Czaar Alexander III verliefd op haar werd. Toen Katharine Franz Joseph op een reis naar Rusland mocht vergezellen, stelde de Czaar meteen voor ook hem in haar bed toe te laten, wat Franz Joseph verontwaardigd van de hand wees als 'Aziatische verloedering'. Vanaf 1888, het crisisjaar voor kroonprins Rudolf, bezoekt de keizer haar dagelijks. Rudolf noemt haar honend 'de oude Prohaska', omdat de vader tot het laatst toe de schijn bleef ophouden tegen de zoon en elke dag zei dat hij 'naar Prohaska ging'. Prohaska was de eigenaar van de villa waarin hij Katharina liet wonen.

Katharina Schratt onderhield ook contacten met de beruchte gebroeders Baltazzi. Deze hadden een reputatie van onfris zaken doen in het verre oosten en van het laten springen van speelbanken. Ze waren broers van de moeder van Rudolfs geliefde uit Mayerling, Mary Vetsera. Katharina Schratt verspeelde heel wat geld van de keizer door bij paardenrennen altijd maar op de paarden van de gebroeders Baltazzi te wedden. 'Zelfs hun paarden,' waarschuwde Franz Joseph, 'deugen niet.'

Intussen is pas enkele jaren geleden onthuld, dat Franz Joseph er vóór Katharina Schratt en ook nog gedurende een periode dat hij met Katharina ging nog een zeer hartstochtelijke relatie op nahield: met Anna Nahowski. Deze molligerd – een getrouwde vrouw overigens, net als Katharina Schratt, niettemin keurden zelfs de bisschoppen de keizerlijke escapades goed – ontmoette Franz Joseph voor het eerst op 8 mei 1875, in de tuin van Schönbrunn. Anna Nahowski heeft over haar verhouding met Franz Joseph, die na het eerste kuise stoeien in de tuin snel groeide, een dagboekje bijgehouden. Na de eerste ontmoeting stelt ze honderd keer nee gezegd te hebben maar tenslotte toch ja. Op 15 juli 1875 ontblootte de keizer na onstuimige kussen voor het eerst haar lijfje, en deed dit ook zelf weer dicht. Toen ze zwanger werd – twee kinderen uit haar huwelijk worden aan Franz Joseph toegeschreven, ze leken ook sprekend op hem – verzuchtte ze: 'Heilige God, als de keizer het maar niet merkt. Hij wordt boos als hij een tijdje niet kan komen.' Het is duidelijk uit het dagboekje dat Anna niet altijd op de komst van de keizer gesteld was. Vooruit schrijft hij haar soms briefjes waarin hij onder meer benadrukt vooral te hopen dat ze niet weer dat lastige corset aan heeft en dat hij het het prettigst vindt als ze al in bed ligt. Soms wil Anna gewoon niet maar 'elke poging me vrij te maken was vergeefs. Hij trok me met geweld in bed, mijn toornige gezicht met kussen bedekkend.'

De laatste ontmoeting met Anna, aan wie Franz Joseph een fortuin toestak voor de rest van haar leven, had plaats op 29 december 1888. Dat was vier dagen na het kerstfeest waarop Rudolf, die zich eerst voor zijn dochtertje vermomd had als kerstmannetje, ineens in vreselijk huilen uitbarstte en zich aan de borst van Sisi en aan de voeten van zijn vader wierp. Hij stond toen aan de rand van zijn ineenstorting, hij had zich al voorgenomen op reis te gaan naar de wolken.

Animositeit

Franz Joseph legde een grote animositeit aan de dag tegen zijn broer Maximiliaan. Deze was schrijver en zeer veelzijdig georiënteerd en geïnformeerd. Hij bouwde de Oostenrijkse vloot op die in 1859 en 1866, toen Franz Joseph te velde niets dan nederlagen leed, voor Habsburgse overwinningen ter zee zorgde. Frans Joseph was blij dat Maximiliaan zich aan het fatale Mexicaanse avontuur waagde. Zowel in 1859 als in 1866 werd er *Leve Maximiliaan* geroepen in Wenen als Franz Joseph voorbijreed.

Franz Joseph ontwikkelde een zelfde soort animositeit tegenover zijn zoon Rudolf die hem in intellect en intelligentie verre overtrof. Hij zette zich schrap door zich te omringen met conservatieven die bereid waren hem voortdurend tegen de progressiviteit van Rudolf te waarschuwen: de minister-president Taaffe, de minister van buitenlandse zaken Kalnoky, de aartshertog Albrecht, de generaal Beck, toevallig alle vier oude mannen die eens door Bismarck 'zo dom' zijn genoemd, 'dat je het haast niet zou geloven'.

Franz Joseph zag zijn zoon maar zelden en sprak nog minder met hem. Er zijn brieven van hem tot Rudolf gericht, toen deze vier jaar was. Franz Joseph woonde steeds, ernstig besnord, de examens van Rudolf bij. Hij vond dat het allemaal zo lang duurde bij Rudolf, terwijl deze slechts rustig nadacht om verstandiger en subtieler te kunnen antwoorden. 'Kinderen hebben voorbeelden nodig, de waarheid horen ze later wel,' stelde Franz Joseph eens. Dat voorbeeld gaf hij onder meer aan Rudolf als jager. Franz Joseph was een bezeten jager, in vijftig jaar heeft hij 48.345 herten neergelegd. Franz Ferdinand kon er ook wat van: hij schoot eens 13.000 herten in één week. In 's keizers uitvalscentrum voor de jacht, de villa in Ischl, hingen niet minder dan 2200 schilderijen met voorstellingen van jachttaferelen. In zijn hele leven schoot Rudolf 600 herten neer. Eenmaal trof hij door een onhandigheid tijdens de jacht bijna zijn eigen vader.

Franz Joseph bleef een verwoed jager tot ver op zijn tachtigste. Tot het laatst toe bleef hij bij plechtigheden zijn ten dele achterhaalde en atavistische titels opsommen: keizer van Oostenrijk, apostolisch koning van Hongarije, koning van Bohemen, Dalmatië, Kroatië, Slavonië, Galicië, Lombardije en Illyrië, koning van Jeruzalem, groothertog van Toscane en Krakau, hertog van Lotharingen, Salzburg, Stiermarken, Karinthië, Carniola en Boekowina, Grootvorst van Zevenburgen, markgraaf van Moravië, hertog van Opper-Silezië, en Neder-Silezië, Modena en Parma, hertog van Auschwitz, etc. Zo beschreef Joseph Roth hem in zijn ouderdom: 'Hij was de oudste keizer van de wereld. Overal om hem heen wandelde de dood in het rond, steeds in het rond en maaide, maaide. Het hele veld was al leeg en alleen de keizer stond daar nog als een vergeten zilverwitte halm te wachten. Hij zag de zon in zijn rijk neergaan maar zei niets. Hij wist immers dat hij vóór de ondergang zou sterven.'

3. De moeder: Sisi

De op eerste kerstdag 1837 geboren Elisabeth, bijgenaamd Sisi, was de dochter van de excentrieke hertog Maximiliaan in Beieren bijgenaamd Phantasus. Maximiliaan voerde de Wittelsbachtak aan die, ter onderscheid van de regerende lijn, de bijstelling 'in Beieren' in plaats van 'van Beieren' droeg. Phantasus taalde naar geen troon. Hij was een gezelligerd, verzot op kegelavonden, overdag was hij meestal met zijn paarden in de weer. Die dresseerde hij in een in het paleis ondergebracht hippodroom. Ook componeerde Phantasus wat voor zijn plezier. Hij schreef reisboeken en theaterstukken en hij gaf, door na een reis in het Midden-Oosten vier daar door hem gekochte negerslaafjes onder zijn huispersoneel te introduceren, de stoot tot een tijdelijke cultus aan diverse Europese hoven om met een prinsje of prinsesje tegelijk een negerjongetje te laten opgroeien. Zijn huwelijk met de échte Beierse koningsdochter Maria Ludovica – haar zuster trouwde met aartshertog Franz Karel en werd de moeder van Franz Joseph – was ondanks de negen kinderen die in soepel ritme op elkaar volgden verre van gelukkig. In de eerste huwelijksnacht schrok de wat dichterlijker ingestelde Maria Ludovica zo van Phantasus brute bedoelingen dat ze meteen om hulp gilde en Maximiliaan op liet sluiten in de wc.

Sisi, melden nogal wat opgewonden biografieën, had net als Napoleon bij de geboorte al een tandje. Daarop volgde in elk geval geen schitterend gebit. Als kind al probeerde Sisi haar slechte tanden en kiezen en daarmee gepaard gaande luchtjes te maskeren door bij het spreken nauwelijks haar lippen te bewegen. Als veertienjarige verzuchtte ze tegen haar eerste jongen: 'O was ik maar dood in de hemel, met jou.'

Op 24 april 1854 trouwde ze met Franz Joseph die haar op het nippertje verkoos boven haar zusje Néné, die al vóór Franz Joseph was uitgekozen door diens moeder. Bismarck constateerde bij de huwelijksplechtigheid een dichte schaduw van somberheid op het van schoonheid en gratie stralende gezicht van Sisi. Ze mocht geen bier drinken, ze moest aan tafel handschoenen dragen, elke dag van schoenen wisselen, ze mocht haar benen niet meer in de spiegel bekijken en de paarden geen klontjes geven of voor palfrenier spelen. Ze dreef later door, met dreigementen dat ze anders naar het Beierse Possenhofen terug zou keren, of Franz Joseph tenminste de toegang tot haar slaapkamer zou ontzeggen, dat ze haar collectie papegaaien mocht houden en dat de lievelingshonden naast haar aan tafel mochten zitten. Het eindigde er overigens mee dat Sisi de honden zelfs aan tafel vlooide en tegelijk met de dieren in bad ging. Tijdens haar leven nam het aantal vertrekken in de Hofburg nog toe van 1440 tot 2600. Sisi beschikte over 26 appartementen. Een daarvan was de slaapkamer, die haar nooit zou bevallen. Pas in de derde nacht van haar huwelijk werd Franz Joseph haar man. Tweemaal moest Franz Joseph bij het ontbijt aan zijn moeder, die er dringend naar vroeg, bekennen dat Sisi nog steeds niet zijn vrouw wilde zijn. Sisi gold als charmant en intelligent, tevens als neurotisch en ongenaakbaar. Vanaf haar vijftiende schreef ze gedichten, niet allemaal even slechte naäpingen van Heine, soms van even naïeve als obscene agressiviteit, zoals *Das Spitzenhöschen*:

Du sonst so Busenlose ward üppig nun und rund,
denn an die leere Stelle das Höschen schnell verschwund,
Mit tiefem Knicks verbeugend, Majestät sie eintreten lässt,
und mit dem Spitzenhöschen, sie rasch den Ort verlässt.

Ze maakt een ritueel van het zich in de ochtend opmaken. Alleen al voor het wassen van de haren moeten dagelijks een tiental eierdooiers en twintig flessen cognac tot een speciale spoeling worden gedoseerd. Ze stond pal achter haar zusters die door zoveel noodlot werden getroffen. Marie van Napels, die in 1860 tot heldin van Gaeta uitgroeide in het hopeloze verzet van de Italiaanse Habsburgers tegen het Risorgimento, kreeg een kind van een stalknecht, Sisi redde toch haar huwelijk. Met andere dan Wittelsbachvrouwen waren de relaties van Sisi meestal slecht. Zo haatte ze Charlotte van Coburg, de vrouw van Franz Joseph's broer Maximiliaan, die zich door Napoleon de Derde zou laten verleiden tot het Mexicaanse keizeravontuur dat met zijn executie in 1867 eindigde. Charlotte werd waanzinnig. Als Sisi haar bezocht liet ze nooit na haar grote honden los te laten op de kleine hondjes van Charlotte die haar enige troost waren. Omdat er volgens Sisi geen mooie mannen te vinden waren legde ze een fotoverzameling aan van mooie vrouwen. Rudolf nam van zijn reis door Turkije foto's mee van haremvrouwen die in Sisi's album werden geplakt. In 1982 is in Parijs de enige tentoonstelling gehouden van deze foto's van Sisi.

Sisi trok noodlot aan. Op zeker tien grote feesten of soirées waar ze de topgaste was, kwamen op zeker moment kroonluchters naar beneden zeilen, bij elkaar twaalf mensen dodelijk verwondend. Ze bezocht tot aan diens ongelukkige dood in de waanzin, in 1886, verschillende malen Lodewijk van Beieren, maar diens geëxalteerde liefdesbetuigingen beantwoordde ze met haar gewone distantie.

Toen hij eens bij herhaling haar hand bleef kussen, merkte Sisi op: 'Hier heb je nog een hand, zo je die nodig hebt.' Ze was niet werkelijk geïnteresseerd in Lodewijks voorkeuren en dromen; ze kon trouwens niet tippen aan diens bij alle fratsen en gekkigheden kolossale belezenheid. Ze werd het meest gefascineerd door Lodewijks langzaam maar onherroepelijk oprukkende verstandsverduistering. Ze bezocht geregeld gekkenhuizen. Ze las veel boeken over zwakzinnigen. Ze liep graag half gesluierd, en vergeleek zich wat dit betreft met Ayesha, de door haar zeer vereerde hoer van Babylon. De vriendschappen met de Hongaren Andrassy, Esterhazy, Hunyady, allen oogstrelende ruiters, tevens exquis gesoigneerde salondiplomaten, stimuleerden Sisi's bezetenheid voor Hongarije. Ze leerde perfect Hongaars spreken, ze droeg graag Hongaarse japonnen en klederdracht. 'Buiten Hongarije,' concludeerde Sisi tenslotte, 'is het leven een stuk minder waard.' De betrekkingen tussen Wenen en Boedapest waren na de mislukte Hongaarse opstand in 1848-49 lange tijd zeer slecht. Ook Andrassy verbleef jaren in ballingschap in Parijs, waar hij, omdat hij bij verstek tot onthoofding was veroordeeld, de Beau-Brummell-zonder-hoofd werd genoemd. In de jaren zeventig werd hij minister in het door de Ausgleich van 1867 tot dubbelmonarchie omgezette Habsburgrijk. Franz Joseph werd nu keizer van Oostenrijk en koning van Hongarije. De Hongaren beleden graag het liberalisme, maar in hun eigen territoir onderdrukten ze, veel meer dan de Duits-Oostenrijkers in het hunne, de minderheden zoals Kroaten, Roemenen, Slowenen, moslims. Op de unieke positie van Hongarije in de K- und K-monarchie heeft Sisi een grote invloed gehad. Of een van de Hongaarse vrienden ooit haar minnaar was blijft een raadsel.

Sisi maakte, soms maanden achtereen het contact met Franz Joseph vermijdend, reizen, naar Madeira, naar Korfu, naar Engeland. In Engeland bouwde ze een intense vriendschap op met de robuste jockey Bay Middleton aan wie zij het zou hebben verboden te trouwen. Ze bleef altijd in de hartelijkste correspondentie met Franz Joseph die ze zelf aan de vaste vriendin Katharina Schratt hielp. De nuchtere communis opinio van de meeste oor- en ooggetuigen is, dat Sisi volstrekt frigide was. Toen het 25-jarig huwelijksfeest werd gevierd, spraken de Weners niet van een keizerlijke ménage maar van een manege. Sisi's hartstocht voor paarden bracht haar er zelfs toe met Elisa Renz, de latere stichtster van het circus, de hogeschooldressuur te beoefenen. Ze was er trots op paarden te bezitten die rechtstreeks afstamden van de paarden van keizer Karel de Vijfde, haar geliefde 'Isabellen,' waarvan ze gewoon was het schuim op hun bitten op te likken.

Sisi voelde zich in hoge mate schuldig aan de vroege dood – eind mei 1857 – van haar eerste dochtertje, Sophie Frederike. Dit meisje stierf aan een darminfectie opgelopen in Hongarije, waar Sisi haar kind enthousiast de gepeperde Hongaarse spijzen gaf, die ze zelf zo graag verslond. De verhouding met de volgende dochter, Gisela, was zeer slecht. Sedert de dood van Sophie maakte Sisi een aanvang met haar vermageringskuren en diëten, ze at nooit meer vlees. Dat Rudolf niet van paarden bleek te houden, was meteen een blokkade voor een geregelde omgang met zijn moeder. Eenmaal liet Sisi hem zelfs weten 'per ongeluk zijn moeder te zijn geworden.' Als kind huilde Rudolf bijna van blijdschap, wanneer Sisi hem eens meenam op een rit in haar rijtuig. Rudolf was jaloers op de paardenvrienden die zijn moeder aldoor omringden. Zij verbood hem, toen ze beiden door Engeland reisden, paard te rijden, opdat de Engelsen niet zagen hoeveel slechter hij reed dan de moeder. Rudolf nam toch aan een jacht onder leiding van Sisi en Bay Middleton deel. De jaloezie verleidde hem prikkelende opmerkingen te maken over Bay Middleton en zijn uitgestoken hand te negeren. Sisi riep hem woedend ter verantwoording. 'Sedertdien,' schreef Rudolf later aan een vriendin, 'was zij voorgoed voor mij een vrouw in de dokterswachtkamer, die altijd als je haar aanspreekt het slechts over háár ischias wil hebben.'

In het geheim neusde ze op de Hofburg vaak rond in de kamers van Rudolf. Ze liet dan een duizelingwekkende geur van heliotroop achter. Als Rudolf in een vertrek kwam, waarin hij de geur opsnoof van de heliotroop van zijn moeder, moest hij snel een stoel pakken om niet ineen te zakken. Met trillende handen en benen moest hij minutenlang wachten tot hij weer kalm werd.

4. Het eigenaardige kind Rudolf

Op 21 augustus 1859 klonk voor het eerst de Laxenburger Polka, de door Johann Strauss gecomponeerde Österreichische Kronprinzenmarsch. Wenen stond op zijn kop. 'Het was onvergetelijk,' schreef de joodse hoofdredacteur van het democratisch-vooruitstrevende *Neues Wiener Tagblatt*, 'Wenen en alle mensen in onze monarchie, spraken in hun vreugde de hoop uit op een toekomst van vooruitstrevendheid, verlichting, vrijheid die de kroonprins brengen zou.' Sisi heeft ontzettend geleden bij de bevalling. De totale hofhouding van de k- und k-monarchie – 50.000 vrouwen en mannen – leefden urenlang, biddend, huilend, hopend mee. Franz Joseph stelde Rudolf op de dag van zijn geboorte al aan als Oberst-Inhaber van het 19e infanterie-regiment. Rudolf heeft als klein kind voornamelijk gespeeld, voortgekropen – *Das Krepierle* noemde de vader hem – in de eindeloze gangen van de Hofburg, het somberste koninklijke paleis van Europa. Telkens komt men er ergens uit op een binnenpleintje, maar dat is naargeestig want zonder groen of bloemen. Er waait daar geen wind en er komen geen vogels. Op zo'n binnenpleintje zat Rudolf vaak met zijn soldaatjes te spelen. Hij klom graag in de kale boompjes die er stonden en viel er even vaak uit. Toen hij vijf was, viel hij eens zó erg dat hij een halve dag bewusteloos bleef. De keizerlijke lijfarts Hermann Widerhofer, die de eindredactie had van het rapport over Rudolfs dood in Mayerling, zou altijd blijven volhouden dat hij het écht geloofde: Rudolf liep als kind ernstig hersenletsel op, in Mayerling werd hij waanzinnig.

De vader trof het kind weinig. Als Rudolf hem zag, wilde hij in één vaart op hem aflopen en viel dan meestal. 'Kun je nooit eens op je benen blijven staan,' klaagde Franz Joseph, 'hoe moet jij ooit het gewicht dragen van de kroon van de dubbel-monarchie?'

Rudolfs kinderverzorgster was Freifrau Karolina von Welden, een 45-jarige weduwe, door Rudolf Wowo genoemd. Hij dweepte met haar, zoals hij zijn eerste Obersthofmeister Gondrecourt haatte.

Gondrecourt was een rauwe, tyrannieke aristocraat die op verzoek van Franz Joseph de opvoeding van de zesjarige wat forser aanpakte dan Wowo. Hij liet Rudolf soms 's nachts uit zijn bedje halen om te exerceren. Hij nam hem mee naar de dierentuin, holde dan weg en waarschuwde Rudolf dat de hekken open waren gezet en dat er dadelijk beren en wilde varkens op hem af zouden komen. Rudolf moest leren nooit bang te zijn. Hij werd één bonkend stuk zenuwen. Sisi wist via een ultimatum aan Franz Joseph – zij zou anders niet meer met hem slapen – het ontslag van Gondrecourt door te drukken. Een jaar later, in de slag bij Königgrätz, zou Gondrecourt zich door grote lafheid onderscheiden, terwijl hij in vredestijd niets liever deed dan met zijn stok jonge soldaten tuchtigen die tijdens de wacht even in slaap waren gesukkeld. Gondrecourt liet ook op zeer plotselinge momenten zijn revolver afgaan, zodat Rudolf bijna een rolberoerte kreeg. Franz Joseph zou hier zelf achter hebben gezeten. Hij was ooit zó geschrokken van het nooit eerder vernomen kanongebulder op zijn eerste slagveld, dat hij besloot Rudolf er eerder aan te laten wennen. In opdracht van Franz Joseph werden ook tijdens processies door Wenen minstens om de vijfhonderd meter kanonnen afgevuurd als к- und к-saluut aan de Heilige Hostie. De kinderen in Wenen raakten er zo aan gewend dat ze de kanonnen niet eens meer hoorden.

Rudolf bleef tot voorbij zijn tiende jaar in bed plassen en had bijna elke nacht ontzettend last van wat hij zelf later als Alpdromen omschreef. Hij droomde meestal dat hij op de rand van een afgrond liep, dat hij onder de guillotine lag, dat hij bij de jacht door een kogel werd getroffen etc. Tussen 1864 en 1877 – als Rudolf dolgraag aan de Universiteit wil gaan studeren maar dit is een kroonprins niet toegestaan – heeft Rudolf 50 leraren gehad. De wens van Franz Joseph was: 'Hij mag geen vrijdenker worden, maar hij moet geheel met de verhoudingen en uitdagingen van de nieuwe tijd vertrouwd worden.' Dat ging heel drastisch. In opstellen sprak Rudolf zich al als veertienjarige uit vóór een wettelijke regeling van de echtscheiding. Aan bidden had hij vanaf zijn twaalfde jaar, na zijn plechtige heilige communie, een geweldig broertje dood. In de kerk zat hij onder de mis altijd Latijnse en Griekse rijtjes en naamvallen te repeteren, ook stopte hij in zijn missaal papiertjes met jaartallen die hij zich wilde inprenten. Zijn vaste begeleider na Gondrecourt was de uiterst liberale en tolerante Joseph Latour von Turmberg. Deze vrijgezel was goed bevriend met de fameuze nationaaleconoom Menger, die een van Rudolfs vroegste leermeesters werd. Zijn geschiedenisleraar Zhisman liep met Rudolf alle historische huizen en standbeelden in Wenen af en gaf Rudolf toelichting bij de opschriften. Rudolf zei zich soms te schamen voor de politieke misdaden uit het verleden. In Wenen werd toen geweldig gerenoveerd en begonnen aan het nieuwe Ringstrasse-complex. Rudolf werkte soms urenlang mee aan de bouw door ijverig op zijn karretje stenen aan te sjouwen.

De liberale Tsjech Gindely introduceerde Rudolf bij Alfred Brehm die uit enthousiasme over Rudolfs intelligentie en belangstelling voor Brehms vak meteen een eilandje dat hij op zijn darwinistische speurtochten had ontdekt *Rudolfa* noemde.

De Hongaarse taal en historie werden Rudolf gedoceerd door de priester Ronay, die begenadigd was na zijn deelname aan de Hongaarse vrijheidsstrijd in 1848/49. Als hij vijftien is, leest Rudolf vlot Descartes en Voltaire, zijn Duits is nauwelijks minder dan zijn Pools, Hongaars en Tsjechisch. Zijn lievelingsvakken zijn botanie, geografie, fysica, ornithologie en geschiedenis. Zijn grote voorbeelden zijn oom Maximiliaan van Mexico, wiens botanische droomtuinen in Miramare Rudolf het liefste als kind bezoekt om de vakantie door te brengen, en de hertog van Reichstadt, Napoleons zoon. Wat het adelaarsjong door zijn vroege dood niet kon verwerkelijken, zou Rudolf verwerkelijken: een nieuw grandioos keizerrijk van wereldallure. Voor Latour schreef Rudolf als vijftienjarige het boekje *Einzelne Gedanken*. Rudolf schreef onder meer: 'Door mijn hoofd flitsen gedachten van allerlei aard. Het ziet er van binnen woest uit, het kookt en kolkt de hele dag in mijn hersenen. Is er een gedachte naar buiten, dan komt de andere weer naar binnen. Elke gedachte houdt me bezig, want heeft me weer iets nieuws te zeggen, soms vrolijk en vreugdevol, soms ravenzwart en vervuld van woede. Zo strijden die gedachten met elkaar en daar moet dan langzaam het ware licht voor mij uit te voorschijn komen. Ik denk steeds na: Wat zal het einde zijn?'

Rudolf is soms uiterst emotioneel. Als Latour vervangen wordt door de graaf Bombelles – Rudolf is zestien geworden en krijgt een eigen hofstaat – werpt Rudolf zich aan de voeten van Latour, raakt helemaal overstuur, barst dagenlang voortdurend in tranen uit. 'De kroonprins lijkt me,' schrijft Latour in zijn laatste rapport aan de keizer, 'een grote honger naar tederheid te hebben.' Hij kreeg deze niet van zijn moeder, die hem een hoogst enkele keer vraagt haar gast te zijn bij de maaltijd.

Gisela met wie Rudolf een intenser contact heeft, trouwt al in 1873 en de geboorte van het nakomertje Valerie, dat op ongehoorde wijze door Sisi wordt verwend en vertroeteld, bezorgde Rudolf eerder een trauma dan vertrouwd gezelschap. Merkwaardig is Rudolfs relatie met zijn oud-oom aartshertog Albrecht, een held van 1848 die in 1866 nog op indrukwekkende wijze de Oostenrijk in de rug aanvallende Italianen zal verslaan. Albrecht is botanist en agronoom, groot kenner van de diplomatieke en krijgsgeschiedenis en een verbeten vijand van Pruisen. Hij is echter ook meer dan aartsconservatief, meer dan extreem-clericaal, hij is ontzettend preuts, lijdt als vrijgezel aan kuisheidswaan, en vindt gewoon dat alles met de к- und к-monarchie bij het oude moet blijven. Hij zal een verbitterde vijand worden en blijven van Rudolfs liberalisme en vrijzinnigheid. De kroonprins is de vijandschap van Albrecht altijd blijven betreuren. Rudolfs allereerste publikatie was een beschrijving van de hem vanwege de modernistische aanpak zeer imponerende *Erzherzöglich Albrecht'schen Domainen in Schlesien*. Op

Albrecht maakte vooral Rudolfs geschrift over de toekomst van Wenen grote indruk. De afgrond tussen Rudolf en de meeste andere aartshertogen, die er maar op los leefden, was zeer breed. Illusies daarover koesterde Rudolf niet.

Als zeventienjarige merkte Rudolf eenmaal tegen Franz Ferdinand op: 'Jij wordt de opvolger, niet ik maar jij zult regeren.'

Geen enkele aartshertog zou het ooit in zijn hoofd gehaald hebben om het Engelse parlement te gaan bezoeken om te zien hoe de bijna meest perfecte democratie werkte, of om een tocht te maken langs nieuwe fabrieken in Engeland. Rudolf maakte zoveel indruk op koningin Victoria dat ze Sisi schreef: 'Ik ben verliefd op uw zoon, die nieuwe ambassadeur van Oostenrijk in Engeland zou moeten zijn, maar maakt u zich geen zorgen, ik zal niet met hem trouwen.'

Als 18-jarige wordt Rudolf ons door tijdgenoten beschreven als iemand met een voortdurende sfinxachtige flauwe glimlach en een opvallende afwisseling van dofheid en flikkering in de ogen. Hij heeft een hekel aan jagen, een hekel aan bals, een hekel aan theaterbezoek. Alleen luistert hij liefst 's nachts graag naar Nocturnes. Bombelles, die ooit Rudolfs oom Maximiliaan aan minnaressen hielp in Mexico, kreeg eenmaal tot zijn grote verbluftheid van de 18-jarige Rudolf te horen: 'Als men eenmaal alles genoten heeft, dan heb je er toch geen belang meer bij? Ik ben benieuwd hoe gauw ik dat punt heb bereikt.'

Sedert Taaffe met zijn IJzeren Ring-beleid aan de macht is, wordt de censuur op post in opdracht van de keizer enorm verscherpt. Ook alle post van de kroonprins gaat door die censuur. Taaffe heeft echter Rudolfs felste anti-aristocratische brieven niet bij de keizer gemeld. Taaffe noteerde wel zelf eenmaal een uitspraak van de zestienjarige Rudolf die hem verbijsterde: 'Onze aristocraten zijn niet eens in staat fatsoenlijk een gymnasium af te maken. Ze lijken meestal op bezopen toeristen, uit vaderlandsliefde organiseren ze fakkeloptochten, maar als je het mij vraagt is het hun bedoeling om het vaderland daarmee in brand te steken.' Op zijn 18e bezat Rudolf 2200 boeken. Franz Joseph heeft er nooit één van ingezien, laat staan gelezen.

5. De kroonprins als schrijver, journalist, polemist

'*Vertelt u maar*, ik wil alles weten,' was Rudolfs karakteristieke opmerking als hij aan een gesprek met schrijvers, hoogleraren of journalisten begon. Hij hing aan hun lippen en al rond zijn achttiende was hij een uitstekende sparringpartner over de meest uiteenlopende onderwerpen. Met Menger praatte hij over economische onderwerpen en over de industriële revolutie in Engeland die het Habsburgrijk nog moest inlopen, bij Brehm stond de vogelarij centraal. Rudolf maakte diverse expedities met Brehm, door de Balkan, de hele Donau af, in Noord-Afrika en in Spanje. Met Ronay ging het over de Hongaarse historie en grammatica, die Rudolf zo knap onder de knie kreeg dat Sisi er jaloers op werd en haar brieven aan Rudolf in het Hongaars richtte. Tot haar verbazing kreeg ze antwoord in het Hongaars en met literaire nuances en toespelingen die ze zelf niet machtig was. Met de historicus Von Arneth praatte en correspondeerde Rudolf over de K- UND K-geschiedenis. Het door Arneth geredigeerde *Die Österreichische-ungarische Monarchie in Wort und Bild* – in 24 delen – werd Kronprinzenwerk genoemd. Vrijwel alle redactievergaderingen in de jaren tachtig werden geleid door Rudolf die zelf een groot aantal bijdragen leverde, zowel historische en geografische als biologische en economische. Band 9 bestond grotendeels uit een *Würdiging des Judentums als Kultur-Element*. In 1883 kreeg Rudolf zijn eerste honorarium als auteur. Hij stopte het geld meteen in het spaarpotje van zijn dochter Erzsi. 'Heeft mijn zoon dat allemaal echt geschreven?' vroeg Franz Joseph, toen men hem het werk van zijn zoon voorlegde. Hij was toch wel zo geïmponeerd door alle geleerdheid, die zijn zoon aan het Kronprinzenwerk bijdragen had, dat hij de Jezuïeten die onder leiding van kardinaal Ganglbauer een protestactie begonnen tegen de veel te liberale, cosmopolitische en filo-semitische inslag van het werk, *niet* steunde. De geweldige vaderlandsliefde van Rudolf kon de keizer wel bekoren. Hij bekende na in de dikke delen van het Kronprinzenwerk wat gebladerd te hebben, dat hij er vooral trek van kreeg om te gaan jagen, bij zulke zinnen van Rudolf als: 'Das Krummholz schlängelt sich am Gletschereis empor, die Birke glänzt im nordischen Sumpfe, die Eiche rauscht im dunklen Förste neben der Tanne, Weinrebe und Lorbeer, Cypresse und Palme, sie verschonen alle ein Vaterland – *das unsrige.*'

De uitgave vormde voor Franz Joseph geen aanleiding om Rudolf betrouwelijker bij de regeringstaken te betrekken. 'De geringste Hofrat,' klaagde Rudolf, 'heeft een grotere invloed dan ik. Ik zou zonder de schrijverij en mijn boeken tot volstrekt nietsdoen gedoemd zijn.'

Slechts eenmaal reageerde Franz Joseph op Rudolfs klacht: 'Ach bedenk maar dat ik zelf niet eens meer invloed heb dan de laagste legerofficier,' waarmee de keizer prijsgaf hoe zijn woorden en daden bepaald en beperkt werden door de eeuwenoude code van de Habsburgse etiquette. Naar boeken stond keizers hoofd helemaal niet, die zaten vol met gevaarlijke of vervelende Wolkenkraxeleien. Rudolfs grote voorbeeld als schrijver was Franz Josephs broer Maximiliaan, de door de vijfjarige Rudolf al dweepziek vereerde Onkel Max. Deze schreef achtdelige memoires, essays en gedichten, reisverslagen en filosofische opstellen. Toen Maximiliaan keizer van Mexico werd hing de kleine Rudolf een kaartje van dit land op zijn kamer. Na elke brief van zijn oom en tante tekende hij aan hoe de veldtocht tegen Juarez en de liberale opstandelingen verliep. De tragiek van Maximiliaan was dat hij het verzet trachtte te breken door zijn eigen keizerrijk drastisch te liberaliseren, waardoor hij de clerus tegen zich kreeg en tenslotte, steunend op een handvol getrouwen, wel ten onder moest gaan.

In 1955 promoveerde Friedrich Egger-Fabritius in Wenen op een kolossaal proefschrift waarin de hele schriftuurlijke nalatenschap van Rudolf systematisch werd geïnventariseerd: *'Kronprinz Erzhertog Rudolf van Österreich als Journalist*

und Schriftsteller.' Het is verbazingwekkend: Rudolf publiceerde niet alleen in het Duits maar ook in het Tsjechisch en Hongaars, niet alleen militaire studies zoals *Die Lage Wiens und unsere Zukunft* maar ook een verhandeling over de toekomst van de electriciteit. Als twaalfjarige schreef Rudolf al een rijp opstel over de Adlerjagden. Op zeventienjarige leeftijd was hij de protector van de k- und k-ornithologische vereniging, hij werd vóór zijn 25e doctor honoris causae aan de universiteiten van Wenen en Boedapest. Verschillende titels van Rudolf werden vertaald: *'Fünfzehn Tage auf der Donau,' 'Eine Orientreise,' 'Jagden und Beobachtungen', 'Reisen in Ungarn'.* Op heel wat reizen werd dit het bekende beeld: Rudolf met een rugzak vol boeken en papieren sjouwend achter Brehm aan. Deze geleerde, protestant, darwinist, vrijdenker en vrijmetselaar probeerde tijdens een tocht door Spanje in opdracht van Franz Joseph voorzichtig ook Rudolfs aandacht te vragen voor Spaanse prinsesjes die zo goed als zeker nu al verliefd op hem zaten te hunkeren. Rudolf was toen twintig. Hij gaf de voorkeur aan een expeditie door de Sierra Nevada: kaal hooggebergte, verlaten kastelen, vervallen kloosters, donkere kerken fascineerden hem. Eenmaal werden Brehm en Rudolf zelfs overvallen door zigeuners die hen voor spionnen aanzagen.
Rudolf ontdekte ook een nieuwe vogel: de *Galerida miramare.*

Rudolfs stijl

Een schrijver moet misschien wel het meest met zijn billen bloot voor wat betreft zijn beeldende, stilische macht als hij landschappen, de natuur, steden en dorpen moet beschrijven. Een keuze uit Rudolfs *Geheime und private Schriften,* door Brigitte Hamann uitgegeven in de Serie Piper, maakt duidelijk dat Rudolf werkelijk een meester was van het kleine karakteristieke detail, van die onvoorspelbare beelden en concrete suggesties die zijn proza voortdurend beweeglijk en boeiend houden. In twintig pagina's geeft hij bijvoorbeeld een beschrijving van Der Wienerwald die nog altijd valt te hanteren als een onorthodoxe reisgids tot dit waarschijnlijk toch wel meest typerende Oostenrijkse kernlandschap.

Het liefst schreef Rudolf in de late avond en vroege nacht, bij een petroleumlamp, in de geheel Turks ingerichte werkkamer, de onafscheidelijke doodskop naast zijn pen- en inktstel. Naast alle wetenschappelijke en reisliteratuur scheidde Rudolf echter nog heel wat anders af. Voor ongeveer tachtig procent onder pseudoniem produceerde Rudolf in zo'n kleine zeven jaar enige honderden journalistieke bijdragen. Deze verschenen niet alleen in het *Neues Wiener Tagblatt*, dat vanaf 1886 *Wiener Tagblatt* heette, maar ook in tal van Franse bladen, soms zelfs als hoofdartikelen. Ze werden aan de Franse pers doorgesluisd door Moritz Szeps van het *Neues Wiener Tagblatt*. Rudolf bewonderde Szeps, een journalistieke reus die ook vol energie zaken kon doen – hij werd driemaal in zijn leven miljonair, evenzoveel keren raakte hij weer failliet – al als jongen van tien. Szeps voerde toen een – geslaagde – actie tegen bepaalde aantastingen van fauna en flora in het Wienerwald. In 1881, kort voor zijn huwelijk, maakte Rudolf persoonlijk kennis met Szeps. Szeps liet hem met zijn spetterende informaties zo intens aan het drukkerszwart ruiken dat, zoals Rudolf zelf ergens schrijft, 'die voor mij de trompetstoot werd voor een cavaleriepaard.'

Vanaf dat moment koeriert Rudolfs kamerdienaar Nehammer bijna elke week met copy van Rudolf naar de burelen van Szeps, zogenaamd als 'de masseur van diens dochter.' Franz Joseph mocht er niets van weten. Hij had zijn hele leven nog nooit een journalist te woord gestaan. Toen hij via-via uiteraard toch te horen kreeg dat Rudolf iets had met Szeps en kranten, sneed hij zijn zoon nog meer af van elke politieke informatie, maar soms kwam Rudolf bepaalde ontwikkelingen via Szeps éérder te weten dan de vader! De liberale legende rond Rudolf bereikte via de dochter van Szeps, die getrouwd was met een broer van Clemenceau, ook Clemenceau.

In het spoor van Szeps, die een geheim loopje had naar Rudolfs vertrekken in de Hofburg, bracht Clemenceau in

1886 een bezoek aan Rudolf. Het gesprek duurde van middernacht tot drie uur in de ochtend. Clemenceau was sterk onder de indruk van Rudolfs op een renversement-des-alliances aansturende theorieën. Kon na ruim een eeuw het Frans-Habsburgse verbond inderdaad worden hersteld om niet te bezwijken voor Duitsland, zoals het honderd jaar tevoren in feite toch was bezweken voor Pruisen? Clemenceau noteerde nauwkeurig hoe Rudolf hem toesprak: 'Duitsland zal nooit inzien welk een ongemeen belang en wijsheid er in schuilen dat Duitsers, Slaven, Hongaren, Polen zich om één kroon groeperen. De staat van de Habsburgers heeft al lang, zij het nog in miniatuurvorm, Victor Hugo's droom van de Verenigde Staten van Europa verwerkelijkt. Oostenrijk vormt een statenblok van verschillende naties en van de meest uiteenlopende rassen. De grote Idee van dit Oostenrijk is toch dat zij allen een eenheid vormen. Deze Idee is van ontzaglijk belang voor de hele wereld, voor de toekomst van een beschaafd samenleven tussen de groepen en volken. En ook als vooralsnog de uitvoering van de Idee, om het diplomatiek te zeggen, nog niet harmonisch is, dan wil dat nog niet zeggen dat de Idee zelf verkeerd is. Het wil juist zeggen dat zo'n Idee op de meest liberale wijze tot harmonie en evenwicht gebracht dient te worden.'

Szeps heeft, altijd in overleg met Rudolf, sommige artikelen bewerkt of ingekort. Als Rudolf naar hem telegrafeerde: 'Het is hier bang weer', betekende het dat een artikel nog niet geplaatst moest worden. Bij 'mooi weer vandaag' was de kust voor Szeps vrij. Een heel enkele keer verzachtte hij zelf Rudolfs polemische toon als deze op zijn sarcastische manier tegen clerus, hofclique, hogere adel, ministers tekeer ging. Niettemin geraakte Szeps enkele malen met politie en censuur in conflict. In 1883 kwam een heftig strijdstuk van Rudolf tegen de Tsjechische adel – die een sterke bondgenoot was in Taaffe's conservatieve IJzeren Ring – Szeps op zes weken gevangenisstraf te staan. In 1884 leidde een scheldkanonnade tegen Schönerer, die in het parlement anti-semitisch net zo ongehoord van leer kon trekken als hij maar wilde – eenmaal vier uur achtereen! – tot een gevangenisstraf van een maand. Ook vocht Szeps in feite voor de kroonprins heel wat duels uit. Een climax vormde de tuchtiging door Schönerer en zijn lijfwachten van de *Neues Wiener Tagblatt*-burelen, na een Schönerer onwelgevallig artikel nav de dood van de Duitse keizer in 1888. De knokpartij draaide ook voor Schönerer op een veroordeling uit, maar Szeps ging vanwege de hem opgelegde boete zelfs failliet en richtte prompt met geld van de bankier Hirsch, een vriend van Rudolf, een nieuwe krant op: *Wiener Tagblatt*. Bij de adel konden de artikelen, waarover werd gefluisterd dat Rudolf er een hand in had, geen goed doen, sedert Rudolf op 19-jarige leeftijd een eerste kritische pamflet tegen die adel publiceerde. De aristocratie polste Franz Joseph: 'Kon dit zo maar?'. 'Ach,' was de keizerlijke reactie, 'der Rudolf plauscht wieder.' Het was een *plauschen* van uiterst ironisch kaliber: 'Onze aristocraten doen mij denken aan de hoge dames die per se op vroege voorjaarsavonden zich al in open rijtuigen willen laten bewonderen en daarvoor graag als rietjes zitten te rillen van de kou.'

Rudolf verachtte de voortdurende kostuumfeesten waarvoor onder meer Makart giganteske decors ontwierp. Rudolf liet zich liever fotograferen bij een nieuw bouwwerk of op fietsen die, toen Rudolf zijn voorkeur voor de fiets boven het paard uitsprak, een tijdje zeer populair werden op de Ringstrasse en de Rennweg. Rudolf heeft zich ook intens verdiept in de revolutionaire ontwikkeling van de medische wetenschap. Hij was bevriend met de chirurg Billroth en richtte met hem samen de Rudolf-Verein op, ter opleiding van meer gespecialiseerde verpleegsters die zelf te arm waren om een studie te bekostigen. De zusters, die op zo'n Verein afstudeerden en meestal van progressieve signatuur waren, werden *Rudolfinerinen* genoemd. Het hoogtepunt van Rudolfs populariteit lag in 1883. Zijn conditie is dan optimaal, hij lijdt nog niet aan de *Kronprinzenfieber* die hem enkele jaren later zal doen wanhopen of hij wel ooit oud genoeg zal worden om de ongetwijfeld altijd maar voortlevende vader nog op te volgen. Hij is een uitstekende spreker die ook de volkse tonen weet te treffen, die hij tijdens zijn geregelde avonden en nachten in Weense café's en wijnlokalen en via vele gesprekken met dat eindeloze vat van populistische verhalen, de koetsier Bratfisch, verzamelt. Rudolfs feestrede bij de opening van de grote Electrische tentoonstelling in 1883 wordt door 20.000 mensen toegejuicht. 'Er gaat vandaag een nieuw venster open in de nacht en het licht straalt ons tegemoet. Het wordt opnieuw een lust om te leven.' De volgende dag verscheen de rede in druk: 32.000 exemplaren werden er in Wenen op één dag verkocht.

6. Rudolf en de bekoring van vrouwen

Als jongetje tekende Rudolf niet onverdienstelijk. Zijn schetsen van menselijke figuren draaiden meestal uit op Rubensachtige vrouwtjes bij wie hij op curieuze wijze borsten en geslachtsdelen markeerde. Weelderigheid had zijn voorkeur. Hij bloosde als de naam van zijn moeder viel, want hij heeft levenslang geworsteld met een moedercomplex; hij bloosde echter ook zodra een veel oudere vrouw bereidheid toonde met hem te flirten. Zijn vooral vóór zijn huwelijk uitgesproken voorkeur voor oudere vrouwen was tevens een protest tegen de Lolita-manie die onder de meeste vorsten en hoge adellijke niksnutters in Europa heerste. Zijn opvoeders betrapten de kleine Rudolf er dikwijls op dat hij, zoals ze het zachtjes noemden 'graag bomen omhelsde'. Rudolf gaf rond en recht toe, dat hij met dit boompjes klimmen en omhelzen 'de vitale sappen in zijn lichaam wilde voelen opstijgen.' Hij werd op dertienjarige leeftijd officieel voorgelicht. Latour ging daarvoor met de kroonprins naar een viskwekerij. Het is zeker dat Rudolf al vrij jong getroffen werd door de Kavalierskrankheit en dat hij met zijn niet goed of grondig genoeg behandelde gonorrhoe ook zijn vrouw tijdelijk aanstak. Pas in 1886, als Rudolf steeds meer last begint te krijgen van gewrichtspijn en blaasontstekingen, gaat hij over tot een harde, lange kuur met copaiva-balsem, cocaïne-tabletten en zwavel- en zinkoplossingen. Vanwege zijn bronchitisneigingen – Rudolf had levenslang een kuchje – gebruikte hij ook veel andere dranken en drugs en in de laatste jaren van zijn leven was hij in lichte mate morfinist, waarschijnlijk gebruikte hij geregeld codeïne-tabletten en zelfs heroïne. Pas de laatste anderhalf jaar van zijn leven zag Rudolf er echt heel slecht en zelfs als een verslaafde uit. Zijn slechte conditie was toen, veelmeer dan van sexuele excessen – die hem steeds werden en worden toegeschreven en die nooit door werkelijke oor- of ooggetuigen zijn vastgelegd – een gevolg van zijn verbeten vasthouden aan zijn artikelenproductie en het lezen van tenminste drie tot vijf studieboeken per week. Hij deed dit allemaal 's nachts en stond toch nooit later dan half zeven op. Wat het eeuwige thema geslachtsziekte, die Rudolf te gronde zou hebben gericht, betreft is intussen opvallend dat zijn officiële maitresse-en-titre, Mizzi Caspar, die in 1907 overleed – straatarm, de keizer maakte een aan haar door Rudolf geschonken erfenis ongedaan – nooit aan enige vorm van geslachtsziekte heeft geleden. Dat Rudolf ongeneeslijk aan syfilis leed en daarom zelfmoord pleegde is een mythe.

In zijn sterke jaren zag Rudolf er voortreffelijk uit, middelgroot, slank maar stevig, er gingen warmte en vriendelijkheid van hem uit, waarachter men taaie wilskracht kon vermoeden. Veel vrouwen die hem hebben gekend namen het woord volbloedpaard in de mond. Van deze volbloed had hij ook de grillen, het temperament. Hij was zeer sensibel, zijn gezicht weerspiegelde altijd zijn stemming en gevoelens. Zijn bruine ogen konden plotseling opflikkeren en de heftigste haat of liefde uitdrukken. Als hij lachte, leek hij een sfinx, nooit lachte hij luid. Er ging grote bekoring van hem uit maar een zeer eigenaardige. In gesprekken vreesde men – zelfs Bismarck, zelfs Kalnoky, vooral Wilhelm II en vooral aartshertog Albrecht – door Rudolfs dubbelzinnige ironie steeds op een verkeerd been te worden gezet. Oudere vrouwen zouden graag moeder en minnares tegelijk voor Rudolf hebben willen zijn. Franz Joseph ergerde zich openlijk aan de wijze waarop de zoveel oudere Helene Vetsera met de kroonprins probeerde te flirten. Sisi's hofdame gravin Festetics merkte daarbij op: 'Ze is *pfiffig*, een aarts-opportuniste. Ze bouwt het van de bodem af op: via haar bed zal de kroonprins eens in dat van haar dochter moeten belanden!' Volgens Festetics is Rudolf werkelijk, zij het heel kort, Helene Vetsera's minnaar geweest. 'Ze hoopte zeker dat daardoor haar dochters minder hard zouden gaan groeien maar zij blijft door dit gedrag niet jong,' hoonde gravin Festetics. Rudolfs eerste liefde was Johanna Burska. Ze was zijn ideaaltype: donker, lieftallig, tien jaar ouder, vol. Het afscheid van alle mooie vrouwen van Wenen, die Rudolf met respect en liefde groet in zijn eerste testament – van 1879 – zou speciaal gericht geweest zijn tot Johanna Burska, die in dat jaar trouwde.

Kort na zijn eerste officiële stationering, vóór zijn huwelijk, in Praag beleeft Rudolf zijn meest romantische, zeer tragisch kenterende liefdesavontuur. Een zeer jong joods meisje uit een Praags gezin wordt verliefd op hem. Ze staat zelfs urenlang op plekken buiten het paleis te wachten in de hoop dat Rudolf voorbij zal komen. De kennismaking levert een gepassioneerde romance op waar, in opdracht van Franz Joseph, snel een stokje voor gestoken wordt. Het meisje wordt gedwongen te trouwen met een veel oudere Praagse kruidenier. Zeer kort na deze huwelijkssluiting sterft het meisje, de legende zegt uit verdriet over het verlies van Rudolf, in werkelijkheid had ze kou gevat op de bruiloft in de open lucht en stierf ze aan longontsteking.

Rudolf is zelf wekenlang ontroostbaar. 's Nachts bezoekt hij haar graf en hij heeft er nog jarenlang op Allerzielen – 2 november – bloemen op laten leggen.

Veroveringen

Ongeveer op zijn twintigste is Rudolf op de grote vrouwenjacht gegaan. Tot aan zijn huwelijk en na zijn huwelijk vooral in de jaren tussen 1885 en 1888 gaat het allegro assai. Hij houdt er een compleet register van veroveringen op na. Met rood aangestreept zijn de door hem veroverde maagden. Hij onderscheidt vijf categorieën in zijn veroveringen. In de onderste categorie bengelen de 'oudere verlepte aristocratische hetaeren', die Rudolf, als voor hem het doek is gevallen, afscheept met een kostelijke sigarettenetui, steeds met zijn naam er in gegraveerd. Zijn herdersuren voltrekken zich nimmer in de Hofburg of in Sacher, het bekende mammoethotel met de chambres separées. Rudolf huurt geregeld huizen in de buitenwijken van Wenen. De op-

schudding die nogal eens gewekt wordt door andere aartshertogen in Sacher wordt Rudolf ten onrechte in de schoenen geschoven. Voor zover we over reacties van vrouwen
over Rudolf als minnaar beschikken – de belangrijkste zijn
eigenlijk die van zijn laatste minnares Mizzi Caspar – was
Rudolf een aandoenlijke, tedere minnaar. Hij rekte de herdersuren, hij was nooit grof tegen een vrouw, het ging hem
in de meeste gevallen en zeker in de laatste jaren van zijn
leven niet om de bijslaap. Hij probeerde de vrouwen moe-
derlijke genegenheid te ontlokken. Hij schijnt steeds behoefte te hebben gehad zijn hoofd in hun schoot te verber-
gen.

Rudolf leefde op zeer slechte voet met de aartshertog Otto
die als de beruchtste roué gold onder de Habsburgers. Hij
betrad Sacher soms met geheel ontbloot onderlijf, oudere
dames, vooral Britse, vielen dan altijd flauw. Eenmaal werd
hem bij een duel zijn neus afgehakt. Al drie maanden later
verscheen hij, ditmaal met geheel ontbloot bovenlijf, in
Sacher, hij had zich een piekfijne lederen kunstneus aan
laten zetten.

Ook Rudolfs jongste oom, bijgenaamd Luzi-Wuzi, die er
een geduchte bi-sexuele instelling op nahield, heeft het zo
bont en bruin gemaakt dat hij door Franz Joseph van het hof
werd verbannen en totaal verloederd in 1911 in een afgele-
gen kasteel gewoon van verwording stierf. Grote indruk
maakten op Rudolf de vrouwen in het Heilige Land. Hoewel zijn aandacht vooral uitging naar de vogelstand daar,
liet hij niet na in zijn dagboek te noteren: 'Ik heb nog nooit
zoveel mooie vrouwen gezien als hier in één plaats bv in
Nazareth, het stadje van onze Verlosser. Helaas kan men
maar zelden geheel hun gelaat zien.'

Met Mizzi Caspar maakte Rudolf kennis rond 1885, via de
bekende koppelaarster Frau Wolff. Met Mizzi Caspar heeft
Rudolf het gehad over potentieproblemen. Ze verschafte
hem meestal vergeefs bepaalde afrodisiaca. In 1888 stelde hij
haar voor samen met hem zelfmoord te plegen in de zogenoemde huzarentempel in Möldling. Ze weigerde niet alleen, maar liep met het voorstel naar de politie die er nota
van nam, doch niets doorgaf aan de keizer of de moeder.

'Hij is jong gebleven en hij is ontzaglijk intelligent, maar is de man met de minste eigenschappen die ik ooit ben tegengekomen,' bekende Mizzi Caspar eens.

Marie Larisch

Een zeer aparte vrouw in zijn leven en in dat van de familie Habsburg was Marie Larisch-Wallersee. Ze werd een jaar eerder dan Rudolf geboren als dochter van de oudste broer van Sisi, die zijn jarenlange liaison met de toneelspeelster Henriette Mendel tenslotte omgezet had in een morganatisch huwelijk. Deze Marie Larisch werd niet alleen omdat ze zo'n uitstekende paardrijdster en beheerster van de hogeschooldressuur bleek, een tijdlang de dikke vriendin van Sisi, ze legde ook al vroeg contacten met Helene Vetsera en haar dochters. Ze verwierf bekendheid als regelrechte allumeuse: twee kinderen uit haar huwelijk – haar opgedrongen door Sisi die haar gebonden wilde zien – met de rijke roué graaf Georg Larisch zouden verwekt zijn door de gebroeders Baltazzi, met wie zij verhoudingen had.

Het kasteel in Pardubitz van de familie Larisch werd het bolwerk waaruit ze haar veroveringen en intriges opzette. Het Grand Hotel in Wenen was de plek waar ze het vaakst ontving of haar complotten voltrok. Ze had een sierlijke gang, sprak altijd zacht en samenzweerderig, ze speelde naar eigen zeggen liever met paarden dan met poppen (in haar jeugd) of mensen (in haar jonge jaren). Ze maakte enorme schulden en trachtte die onder meer te delgen als verklikster voor Bismarck. Op Pardubitz kwamen soms met indrukwekkende kijkers gewapende vogelaren en natuurliefhebbers op bezoek, het waren vermomde spionnen van Bismarck. Ze was ongetwijfeld nimfomaan. Rudolf liet aan Bombelles eens los te weten dat men bij Marie Larisch gráág drie maal binnen een uur terecht kon. Hoewel er veel verschillende versies zijn hoe Rudolf zijn laatste liefde Mary Vetsera het eerst leerde kennen, komt men één versie in elk geval het vaakst tegen. Marie Larisch nodigde Rudolf uit voor een stoeipartij in de tuin. In het struikgewas zagen zij hoe een jong meisje zich verschanste, die kuis probeerde haar gesprongen kouseband te herstellen. Het was Mary Vetsera. That moment in time zou voor Rudolf beslissend zijn geweest.

7. Rudolf en Stefanie, een fatale verhouding

Ze had de delicatesse van een draak, ze liep alsof ze likdoorns had, ze was de Belgische koe: Stefanie dochter van de Belgische koning Leopold II van Sachsen-Coburg, die in 1881 op 17-jarige leeftijd trouwde met Rudolf van Habsburg. Er moet haar veel vergeven worden in verband met haar kille, soms hardvochtige, vaak begrip- en gevoelloze gedrag tegenover de kroonprins. Ze had een verschrikkelijke jeugd. Het huwelijk van haar vader met Marie Henriette, dochter van aartshertog Joseph von Habsburg, is wel eens dat van een stalknecht met een non genoemd. Leopold was een tedere botanist, maar tegenover vrijwel alle mensen die hij in zijn leven tegenkwam een bullebak. Hij verzamelde geld en gebieden in Afrika. Hij gedroeg zich, toen hij zich als een der belangrijkste vorsten van Europa ging beschouwen, ook als een dictator: hij nam zelfs zijn hond mee naar de kerk en liet die keffen als de preek hem niet beviel. Hij gaf zijn kinderen met de roe en dwong zijn vrouw haar dochters – die hij van hun geboorte af verwenste, hij had enkel zonen willen hebben om zoveel mogelijk Europese tronen te bezetten – soms 24 uur achter elkaar op te sluiten in een donkere kast. De kinderen moesten 's morgens de hand van hun vader kussen en mochten aan tafel geen woord spreken.

Slechts eenmaal per jaar kwam er wijn op tafel: met Pasen. De kinderen kregen zwart brood en walgelijke krachtspijzen. Er stonden wel altijd heerlijke desserts en bonbons op tafel maar daar mochten de meisjes niet aankomen: dan leerden ze zich beter in het leven beheersen. Soms kregen ze van huisknechten een stukje chocolade. Ze moesten elke ochtend om vijf uur op. Er werd niet gestookt en de ramen van de slaapkamers stonden altijd wijd open. Er lag in de

winter vaak ijs in de waterkan in plaats van water. Terwijl
ze hun ochtendgebedjes opzeiden voor vader, op hun blote
knieën, kamde Marie Henriette zonder meedogen hun
lange stugge haren, ze mochten nooit laten merken dat het
zeer deed. De kinderen Coburg mochten geen boeken inzien buiten die voor hun studie. De dochters stortten zich
dus op de tuin, plantten bomen – er staan nog door Stefanie
geplante en gemerkte bomen in Laeken – en hielden er geweldige volières op na, waarin alle vogeltjes eigen namen
hadden. Marie Henriette las de man, die haar kuise nage-
dachtenis zo te schande zou maken door zijn bejaarde ver-
slaafdheid aan bordelen met Lolita's 's ochtends de krant
voor. In 1880 las ze, nadrukkelijk vertragend, extra hard
elke passage over Habsburg en Rudolf. Leopold aarzelde.
Een vroege verbintenis Habsburg-Coburg was geen succes
geweest. Stefanie's tante Charlotte trouwde met Maximiliaan, verloor aan Mexico haar man en de droom van een
wereldrijk en was al jaren krankzinnig. Coburgers zouden
op tronen in Engeland, Brazilië, Portugal, Bulgarije en
Griekenland weten te krabbelen, maar nooit op die van
Oostenrijk, want Rudolf zou zeker opvolgen. Een vijfde
kolonne voor de Coburgse zaak in het Habsburgrijk sprak
Leopold toch ook wel aan en Stefanie werd na de succes-
volle polsingen over en weer bevolen verliefd te worden op
Rudolf. Hij kwam haar eerst bezichtigen en had een maitresse, een soubrette van het Weense Stadttheater, meegenomen. Hij durfde nooit, hoonde Marie Larisch in haar
herinneringen, de grote uitdagingen in zijn leven onder
ogen te zien zonder een vrouw in z'n buurt om de gevaren
met hem te delen. Rudolf zag er uit zoals op het schilderij
dat Makart van hem maakte: als een van de vele, voor beperkte maar eeuwenoude taken knap gesoigneerde к- und
к-officieren. Stefanie was niet knap, niet elegant. Ze had
mooie schouders en een huid van albast. Met de meiklokjes
in het haar leek ze een bruidsmeisje uit een processie. Toen
ze Rudolf in de tuin eenmaal een vrouw zag kussen – het
was zijn maitresse – fluisterde haar moeder, die beiden ga-
desloeg, tegen Stefanie: 'Word nooit boos, het gaat allemaal
over, voor een vrouw betekent de liefde niets, dus treur

nooit over zijn ontrouw.' Elke dag alle handen schuddend van Rudolfs gevolg – 25 man – kon Stefanie niets anders uitbrengen dan: 'Ik ben zo gelukkig, zo gelukkig.'

Toen Sisi haar voor de eerste keer zag bad ze: 'Geve God dat dit geen groot ongeluk wordt.' Zij verzocht ook om uitstel voor het huwelijk. Stefanie had nog geen maandstonden. Marie Henriette zou Sisi op de hoogte houden. Marie Larisch stelt, dat men medelijden gehad zou moeten hebben met welke vrouw ook die met Rudolf trouwde. Hij was een man voor een maitresse in de avond en voor eenzaamheid in het nachtelijke bed. Zijn ironische, onrustige intellect moest elke vrouw op den duur tot een kwelling worden. Een feit is echter dat Rudolf zich buitengewoon vriendelijk tegenover Stefanie opstelde. Hij zag onmiddellijk dat hij met een kanon door haar intelligentie en belezenheid heen kon schieten. Haar eenvoud en haar kinderlijkheid spraken hem aan. Voor het eerst voelde hij dat van hem initiatief en bescherming werden verwacht. Hij schrijft zulke enthousiaste brieven over Stefanie naar Wenen dat het lijkt alsof hij werkelijk een moment verliefd op haar is geweest. De Oostenrijkse pers dacht er anders over en liet ongegeneerd de termen blonde ijsberg en wandelend-standbeeld-met-juwelen opduiken.

Rudolfs zuster Gisela huilde, schrijft Rudolf zelf in een brief aan Bombelles, 'als een kettinghond toen ze Stefanie voor 't eerst had gezien.' Stefanie had volgens Gisela 'alleen maar een huid en totaal geen verstand.' De kleine Valerie is heel blij met het huwelijk, 'Nazi' – haar koosnaam voor Rudolf – had een huwelijk hard nodig. Hij zou er flink en sterk van worden. Strauss componeerde zijn Stephanie-Gavotte en op 10 mei 1881, als Stefanie eindelijk vrouw is, wordt het huwelijk voltrokken in de Augustinuskerk. 'Ze schelen, als ik goed kijk, wel honderd jaar,' was Franz Joseph's opmerking tegen Sisi, 'maar het moet zo zijn. Der Rudolf plauscht zuviel.'

De Augustinerkirche puilde in elk geval uit, de hofdames, wat in de κ- und κ-Geschichte nooit was gebeurd, klommen zelfs op de kerkbanken.

De Flitterwoche werd doorgebracht op het slot Laxenburg,

15 km van Wenen, waar men nog trots het bed bewaarde waarin Sisi van Rudolf beviel. De klokken werden geluid, de vijfde kompagnie van het 38e infanterie-regiment liet de trommels roffelen. Stefanie was meteen al verre van verrukt van de veertien vertrekken die voor haar waren ingericht. Er hing een ademverstikkende kelderlucht in het hele paleis. Bedden, matrassen en gordijnen stamden nog uit de tijd van het Congres van Wenen. Er trad Stefanie een kamerdame tegemoet, die geen tand in haar mond meer bleek te hebben, geen woord Duits sprak en zich voortbewoog als een heks. Toen Stefanie dit, met haar lip steeds verder van teleurstelling op het onderste knoopsgat, tegen Rudolf opmerkte, antwoordde de kroonprins: 'Is ze wel een heks? Ik kan nergens haar bezem vinden.'

Stefanie wist het al van haar zuster Louise, die was getrouwd met de roué Philip van Coburg: een eerste huwelijksnacht was een verschrikking. Louise liep ooit in paniek weg uit de slaapkamer, en verborg zich in de tuin onder de bloembedden. Maar haar moeder had op de loer gestaan en riep haar terug, tot haar dure plicht. De zusters noemden, wat in bed moest gebeuren, sedertdien 'Familiengewurstel'. O die eerste nacht! Stefanie raakte er in haar herinneringen maar niet over uitgeklaagd: 'Welk een nacht! Wat een ellende! Wat een afschuw! Ik wist van niets, men had mij als argeloos kind naar het altaar gevoerd. Ik dacht dat ik aan mijn teleurstelling nog dezelfde nacht zou sterven.'

Zij moet Rudolf als 'moralisches Schwersterchen' zwaar op de maag gelegen hebben. Toch zijn de reacties van de roué die Rudolf als amant stellig toen ook al was, in de eerste maanden van het huwelijk opvallend positief.

Aan Latour schrijft hij: 'Ik ben nog nooit zo gelukkig geweest! Meer hoef ik niet te zeggen. Ik ben erg verliefd op haar en zij is nu de enige die me tot veel kan verleiden.'

Stefanie is voor hem even een soort elfachtige porceleinfiguur. In de eerste weken die ze op de Hofburg doorbrengen, probeert Rudolf haar bij zijn interesses te betrekken. Maar ze houdt precies van de dingen die Rudolf niét liggen: muziek en beeldende kunst, toneel en spiritistische séances die sedert enige tijd in hofkringen in de mode zijn. Het medium Bastian wordt zelfs kind aan huis op de Hofburg waar hij er overigens niet in slaagt de zware antieke meubelen te laten zweven. In 1882 publiceert Rudolf zijn afrekening met het spiritisme: *'Einige Worte über Spiritismus.'* Aan deze 400 pagina's tellende brochure was intussen Rudolfs even sarcastische als nogal brute ontmaskering van Bastian als medium in de Hofburg voorafgegaan.

Stefanie is er woedend over, zoals ze zich ook blijft beklagen over het gebrek aan hygiëne in de Habsburgse paleizen. In de Hofburg zijn geen badkamers en wc's. Er is niet eens een waterleiding. Alle water moet in bakjes en teiltjes worden aangevoerd. Iedereen heeft een eigen 'stoel' voor de bekende verrichtingen. Het stinkt in de Hofburg de hele dag naar stront en pis en naar petroleum en vooral naar de door Stefanie zo verwenste Weense etensluchtjes, want om elke hoek van een Hofburggang is wel ergens een keuken.

Rudolf is gesteld op eenvoudig ingerichte vertrekken. Hij slaapt graag op een ijzeren bed, in dezelfde kamer waar hij de boeken en geschriften weet, waarmee hij net bezig is. In zijn slechts voor de beste vrienden openstaande Turkse kamer probeert Rudolf een huiselijke gezelligheid met Stefanie op te bouwen. Terwijl zij zit te tekenen, schrijft Rudolf. Ze noemen elkaar dan Cocu en Coceuse, of ook wel Papageno en Papagena. Stefanie schrijft aan haar ouders dat ze gelukkig is, aan Louise vertrouwt ze toe dit alleen te kunnen schrijven als ze zich goed inprent welk een duister dal van tranen de dagen bij haar ouders vormden. Rudolf, die ferme reizen maakt met Stefanie, links en rechts door het Habsburgrijk – dat hij zelf eens *Het Rijk van mijn Midden* noemde – weet haar zelfs tot schrijven aan te zetten. Ze fabriceert een reisboekje over Lacroma, het verschijnt in 1886 en wordt ten gerieve van de ouders in 1894 ook in het Frans vertaald en uitgegeven. De Balkanreizen leveren haar de vriendschap op van de Roemeense koningin, die als Carmen Sylva de dichtkunst beoefent. Ook in Servië en Turkije vermaakt Stefanie zich uitstekend. De legendarische schuinsmarcheerder koning Milan van Servië vergezelt ze graag aan roulette- en baccarat-tafels, ze zal zelf een verwoed gokster worden. Ze wandelt, bloemetjes plukkend, in de uitgestrekte parken rond de harems van Abdul Hamid. De sultan doet Rudolf veel aan zijn vader denken. Hij heeft dezelfde waanzinnige burokratische werkkracht. Hamid heerst nog altijd over een zo groot rijk dat de k- und k-monarchie er zich in kan wentelen. Hamid denkt, merkte Rudolf eens op, dat hij nog altijd als hij maar om zes uur 's ochtends aan zijn buro zit de wereld kan regeren. Maar de wereld van het Ottomaanse rijk verschrompelt. Hamid is de zieke man van de Balkan, die zijn Europese macht en invloed onherroepelijk ziet verschrompelen. Rudolf schat de intelligentie en betrouwbaarheid van Milan van Servië en Carol van Roemenië niet erg hoog; hij houdt hen wel graag dik te vriend. Hij staat volledig achter de, in feite anti-Russisch gerichte verdragen, die de k- und k-monarchie met Servië en Roemenië heeft gesloten. Hij weet Milan, die altijd op zwart zaad zit en uit armoe tenslotte ook vrijwillig van de troon zal afzien, eens de bereidheid te ontlokken Servië eventueel te *verkopen* aan Oostenrijk. Het blijft opvallend dat na Rudolfs dood Servië en Roemenië zich tot de twee pro-Russische aartsvijanden van de k- und k-monarchie zullen ontwikkelen. Het zijn allemaal politieke manoeuvres die Stefanie volstrekt ontgaan of haar helemaal niet interesseren. Rudolf gaat zich geleidelijk aan meer ergeren aan haar beperktheden. Ze is jaloers, zelfs als een muziekkorps voor haar iets minder lang speelt dan b.v. voor Rudolfs overgrootmoeder, die tot haar dood in Praag is blijven wonen waar ze, volgens Rudolf, van verpletterende toegenegenheid voor Stefanie was. Stefanie is bigot-katholiek, gebruikt dezelfde frases over ziel en hiernamaals als de Duitse kroonprins Wilhelm. Het hoge woord komt er ten slotte al twee jaar na het huwelijk, kort vóór de geboorte van de dochter Elisabeth-Erzsi – uit: 'Niets is er natuurlijk aan die vrouw, ik heb nog het liefste dat ze kwaad is.' Kwaad werd ze steeds vaker, aan tafel in de Hofburg, bij openbare gelegenheden. Sisi haatte haar ronduit: 'Ze is een obelisk zonder gevoel voor tocht.' Als ze merkt dat Rudolf bordelen bezoekt, is ze razend. Ze geeft opdrachten aan koetsiers die met k- und k-rijtuigen voor de bordelen moeten gaan staan om Rudolf op te wachten. Het komt tot scènes waarbij

Rudolf Stefanie slaat. Zelf flirt ze graag met officieren. Ze pronkt met haar zwellende omvang en steeds uitbundiger bloeiende borsten. De geboorte van Erzsi brengt maar tijdelijk een betere verstandhouding tussen Rudolf en Stefanie. Als hij haar in 1886 met gonorrhoe besmet, gaat ze Rudolf werkelijk haten. Eenmaal heeft ze hem opgesloten in een donker vertrek in de Hofburg. Nadat Rudolf zich eindelijk had bevrijd, pleegde hij bijna een moordaanslag op Stefanie. Ze vraagt voortdurend gesprekken aan bij de keizer, die haar klachten niet serieus neemt. Hij raadt haar aan meer te gaan jagen, dan gaat alles vanzelf beter. Nog vóór Rudolf zich stortte in het fatale Mary Vetsera-avontuur, knoopte Stefanie een relatie aan met Arthur graaf Potocki van Galicië. Haar brieven aan hem zijn zeer hartstochtelijk. Om haar verliefdheid te maskeren zijn er dan periodes waarin ze ook Rudolf weer aanhaalt. In 1888 wordt, nadat dit zeker een jaar lang heeft stilgelegen, het geslachtsverkeer met Rudolf weer hervat. Rudolf vertrouwde Philip van Coburg kort voor zijn dood toe dat het hem meest wurgende tekort van Stefanie was dat ze alleen maar *horizontaal* kon denken, nooit *verticaal*. Ze had een vlakke geest, ze was niet kwaadaardig maar buitengewoon egocentrisch. Als moeder was ze een mislukking. Er waren maanden dat ze Erzsi niet zag, niet naar het kind taalde. Erzsi was dan ook alleen gesteld op Rudolf.

Rudolfs laatste brief aan Stefanie uit Mayerling luidde:

Lieve Stefanie!

Je bent van mijn aanwezigheid en plaag bevrijd; word gelukkig op je eigen manier. Wees goed voor de arme kleine, die het enige is wat er van mij overblijft. Breng aan alle bekenden, in het bijzonder aan Bombelles, Spindler, Latour, Wowo, Gisela, Leopold etc. mijn laatste groeten over.
Ik ga rustig in de dood, die alleen mijn goede naam redden kan. Ik omhels je van harte, je liefhebbende

Rudolf.

8. De κ- und κ-monarchie: Idee en werkelijkheid

De κ- und κ-monarchie maakt, tussen de geboorte en dood van Rudolf, een bevolkingsgroei door van 28 naar 36 miljoen zielen. Daarbij dient men te bedenken, dat in 1878 een paar miljoen mensen extra toevloeien door de annexatie van Bosnië en Herzegowina. Er zijn zo'n elf miljoen Duitsers, zeven miljoen Hongaren, zeseneenhalf miljoen Tsjechen, vijf miljoen Polen, drieëneenhalf miljoen Roethenen en Oekraïners, anderhalf miljoen Slowenen, een kleine miljoen Italianen, een kwart miljoen Roemenen.

In Wenen alleen al wonen 800.000 Duitstaligen, maar ook niet minder dan 235.000 Tsjechen! Wenen is de stad van de honderden restaurants en eethuisjes. In de meeste restaurants kun je kiezen uit tenminste 30 verschillende soorten koffie. De Weners eten het liefst vijf keer per dag, ze nuttigen drie volle warme maaltijden. Franz Joseph was zelf een grote, schrokkerige eter. Sommige fijnproevers onder de aartshertogen zagen een keizerlijk diner met schrik tegemoet. De keizer was altijd het eerst klaar, keek of hij nog iets van het bord van Sisi of de dochters naar het zijne kon overhevelen en stond dan meteen op. De anderen moesten dan ook inpakken en wegwezen. Verschillende gasten stormden met hun lege of halfvolle magen naar Sacher om daar bij te eten en te tanken, en de smaak weg te werken van Franz Josephs lievelingsvoedsel dat velen oren en neuzen uitkwam: bieslook, appelsaus en mierikswortel. Of men stortte zich op Sachers gebak: Palatschinken, Kaiserschmarrn, Marillenknödel, Milchrahmstrudel, Gugelhupf.

Rudolf was een zeer matige eter, hij dronk stevig maar dan bij voorkeur een afwisseling van champagne en cognac. Hij kon daar rustig en stevig een uur of wat op doordrinken. Beschonken heeft men hem nooit gezien, hij vertelde nooit goedkope, snelle moppen, hij gaf zich nooit in het openbaar over aan omhelzingen. Enige hardnekkige zonde was zijn soms te lang en dromerig staren naar het warme dal van heerlijk volle Weense borsten. Hij dweepte met Rubens.

In Wenen werd – en wordt – enorm geslenterd. De nietsdoende klassen beoefenden dit slenteren als een sociaal spetterend verteren. De heren deden dat bij voorkeur met de handen op de rug, ook om zich te onderscheiden van de beambten die altijd met hun zware actentassen zeulden, waar volgens Rudolf overigens meer sandwiches en opera-programma's dan ambtelijke stukken in zaten.

Een Wener heet volgens traditie iemand die ontevreden is met zichzelf, die de andere Weners haat maar die zonder hen niet kan leven. De Weners zijn gezelligerds maar stáán op hun sociale geprononceerdheid. De koetsiers wisten aan het uiterlijk precies of ze Herr Doktor, Herr Baron, Herr Graf moesten zeggen.

Weners gooiden graag overal een schepje bovenop. 'Ze liegen nog harder dan de Duitsers,' aldus Rudolf, 'maar ze doen het op een prettige manier.' In Rudolfs dagen rept het oude Oostenrijk zich van de operette en de officiële censuur naar dat van het decadente fin-de-siècle en van revolutionaire sociale en artistieke avant-garde. De psycho-analyse komt op en de nieuwe muziek, maar ook het anti-semitisme en de proletarische armoe grijpen om zich heen. 'De liberalen hebben het oude verloren en verlangen in het vacuüm, dat ligt tussen hen en de nieuwe tijd, naar een non-stop artificiële oudheid onder het mom van mondain en modern.' Een verderfelijke splijtzwam begint zich steeds breder te maken: die van de ethnische tegenstellingen. 'Als wij Habsburgers zijn verdwenen,' aldus Rudolf, 'zullen alle groeperingen en volken uit ons voormalige rijk het volste, zo vurig verlangde recht hebben op een gezag met politieagenten van eigen bloed en geloof. Ze zullen dan wel op heel wat erger manier gedrild en misleid worden.'

Rudolf was een pure anti-nationalist. Hij voelde zich even goed thuis in Praag, Boedapest, Wenen, Triëst, Serajewo. Hij verdiepte zich even graag in Duitse, Slavische als Boheemse cultuur. Hij besefte in de laatste vijf jaar van zijn leven dat hij de κ- und κ-monarchie niet langs de liberale en progressieve lijnen die hij voorstond een nieuwe tijd in kon slingeren. De toekomst onder een steeds ouder wordende, tot fossiel verstarrende keizer was aan het radicale nationalisme, was aan grote door demagogische ideologieën beheerste volkspartijen, was aan een modernisme dat moeiteloos zou blijven samengaan met de antieke dictaturen van de nog in de geest van het Congres van Wenen ademende en denkende vorsten, generaals, aristocraten, grote bezitters. In 1888, vlak vóór zijn ineenstorting – die plaats had in dezelfde maand dat Rudolf zelfmoord pleegde – schreef Nietzsche het in de voorrede van zijn *Wil tot Macht*: 'Ik beschrijf wat komt, wat niet anders dan komen moet: de neerdaling van het nihilisme.' Misschien, zei Rudolf kort voor zijn dood, was dan maar het beste dat de κ- und κ-monarchie vasthield aan zijn staande leger van soldaten, zijn zittende leger van ambtenaren en zijn knielende leger van verklikkers. Hij beaamde het woord van Theodor Fontane, die, toen de doodzieke liberale keizer Friedrich III in Duitsland op de troon kwam, verzuchtte: 'Hij is de laatste strohalm waar de wind van de menselijke vooruitgang nog vandaan kan komen.'

Geslachtsziekten

Rudolf werd zelf voortdurend met zijn neus op de tegenspraak tussen materiële en technische vooruitgang en de gedachten en condities van de heersende klassen gedrukt. Er was telefoon, telegraaf, er waren electrische motoren en trams, maar in de Hofburg functioneerde nooit enige verwarming, waren er geen baden, bestond de verlichting op de meeste gangen uit petroleumlampen, verbood Franz Joseph telefoon aan te leggen. Rudolf liet zich soms door Bratfisch en Nehammer op wat hij zijn *lijfstoel* noemde door de gangen dragen, anders gleed hij maar uit in poep en pis. De Praterfeesten, onder leiding van Johann Strauss, trokken soms in één weekend 250.000 mensen maar op de Friedhofen der Namenlosen hadden per dag 150 begrafenissen plaats. Van de 1000 babies in Wenen stierven er 350 in het eerste jaar, van wie ruim honderd aan tuberculose. Wenen telde 70.000 daklozen. In Wenen leden 150.000 mensen aan geslachtsziekte, meest gonorrhoe, die toen minder onschuldig was dan nu. De arts Nöggerath stelde rond 1872 vast dat de helft van de ziektes van het onderlichaam bij vrouwen geslachtsziekten of varianten daarvan betroffen. De arts-statisticus Gloss-Hoffingen stelde een andere merkwaardige Wiener Krankheit vast: slechts één procent van alle huwelijken was gelukkig.

Er was in Wenen een geweldige behoefte aan hoeren. De clerus stond er op, dat officieel slechts 2500 prostituees in zorgvuldig afgezonderde buurten geregistreerd stonden. Maar het aantal 'wilde' hoeren bedroeg ruim 12.000. Er werden door engeltjesmaaksters onder de meest bizarre omstandigheden weliswaar vele duizenden abortussen verricht, maar er liepen in Wenen niettemin 35.000 vondelingen rond. Wenen was het centrum van de kleine meisjeshandel. De op kleine meisjes verzotte Tsaar Alexander de Derde, die zelfs volgens koning-gorilla Leopold de vrouwen bereed als een varkensbeer, was een vaste klant van Weense kleine meisjes. Als men Arthur Schnitzler in zijn dagboek mag geloven, was Wenen één gonzend, koortsig knooppunt voor verfijnd zinnelijk genieten. Hij hield nauwkeurig al zijn copulaties bij: 355 alleen al in een half jaar, met het Dirndl Jeanette. Maar ook in deze toonde Wenen een Januskop: Herzl waarschuwde in die tijd als journalist in de krant tegen de eerste vrouwen die hun nagels rood begonnen te verven.

9. Rudolf en de Radetzkymars

Niemand heeft hen ooit zo schitterend, zo overtuigend, zo ontroerend kunnen beschrijven als de van de Habsburgmythe bezeten k- und k-jood Joseph Roth: de officieren en soldaten van het enige duizendjarige rijk dat de Europese geschiedenis kende. De harde trommels roffelden, de lieflijke klarinetten floten, de bekkens tsjingden. Op de gezichten van elke k- und k-burger, of hij nu iemand was zonder eigenschappen of mét, verscheen een mijmerende glimlach en prikkelde het bloed in de benen als de Radetzky-mars weerklonk. Radetzky, de laatste veldheer van de overwinningen bij Custozza en Novara, de laatste onderwerper van het perfide Italië aan Habsburg, de laatste generaal die het wanhopige keizertje Franz Joseph met zijn 18 dunne, bleke jaren tot augustulus had kunnen degraderen en misschien het Habsburgrijk als dictator naar een veiliger fin-de-siècle had kunnen slingeren. Maar Radetzky onderwierp zich, liet de diplomatieke salons in Wenen voortkonkelen en de af en aanlopende ministers voor Franz Joseph als marionetten het rijk naar de afgrond dirigeren. 'Ze regeren over de Länder als over de repen van een gescheurde broek,' steunde Radetzky op zijn sterfbed. In 1859, een jaar na zijn dood leidde de zich nu zelf een vrije veldheer voelende Franz Joseph persoonlijk zijn legers, na een ultimatum aan Frankrijk en Italië, dat hij vrijwel letterlijk in 1914 tegenover Servië fataal zou herhalen. De ooit zo grandioze Habsburg-armee, die driemaal zegevierde over Napoleon de Grote en tweemaal de Turken terugwierp voor Wenen, werd bij Solferino en Magenta door Napoleon de Kleine en de ongeregelde bendes van Piemont en Savoye in de pan gehakt. De generaals hadden zelfs vergeten voor wijn of water te zorgen. Franz Joseph vluchtte naar zijn wijfje en liet 20.000 soldaten creperen in de Noord-Italiaanse vlakten.

En toch, Radetzkymars! Als die begon, hieven oude mannen hun hoofden en hunkerden ze naar de vroegere manoeuvres. In felle kleurenzee verschenen daar de blauwe broeken van de Habsburgse infanterie. Als vlees geworden ernst van ballistische wetenschap trokken de koffiebruine artilleristen voorbij. De bloedrode fez op de hoofden van de helblauwe Bosniërs brandde in de zon, als kleine vreugdevuren door de Islam ontstoken ter ere van Zijne Apostolische Majesteit!

Marie Larisch, de vrouw die Rudolf aan Mary Vetsera klonk tot de dood er op volgde, had een nuchterder oordeel. 'Oostenrijkse officieren kunnen altijd makkelijk in kamers met lage zolders wonen, ze zijn het bukken toch al gewend.'

Rudolf werd door zijn vader al tot κ- und κ-officier benoemd op zijn tiende, de Duitse kroonprins werd pas officier op zijn veertiende.

Als zestienjarige schreef Rudolf een historisch verslag van alle Europese expedities naar Abessinië. Hij sprak de officieren toe over krijgshistorie op een manier die ze niet konden volgen. Rudolf sprak toen al, naar men wenste, vloeiend Hongaars, Tsjechisch, Pools, Frans of Latijn, in de laatste taal correspondeerde hij graag met de bioloog Brehm, zodat de censuur steeds zenuwachtiger werd van de geheime berichten die hij misschien wel doorseinde. Aartshertog Johann Salvator van Toscane, die de belangrijkste studies ter radicale hervorming van het κ-und l-leger publiceerde – uiteraard geheel vergeefs – bekende in 1886 aan Rudolf: 'Vroeger keek je vlijtig naar me op, nu zwijg ik stil bij jouw bravoure.' Van 1883 tot 1888 was Rudolf veldmaarschalk van de 25e infanteriedivisie in Wenen, in 1888 werd hij Generalinspektor van de hele armee. Hij begon onmiddellijk drastische voorstellen te doen: er moesten nieuwe geweren komen, andere kogels, bredere rugzakken, soepeler broeken. Er kwam niets van. De inmiddels keizer geworden Duitse kroonprins wist Franz Joseph persoonlijk duidelijk te maken dat Rudolf om God noch gebod gaf en naar geen godsdienstoefeningen meer taalde. Kon men zo iemand leiding en hervorming van het leger toevertrouwen? De vader degradeerde de zoon, op voorspraak van Pruisen! 'Bismarck,' aldus Rudolf, 'wil dat wij een hele weke onderbuik hebben, zodat hij ons eens in een reddende oorlog voorgoed kan opslokken. Wilhelm II maakt zich al op om het oude Europa in een verwarring te brengen, waarvoor Bismarck de voorbereidingen treft. Wilhelm is de man van door God begenadigde beperktheid, die hem het gevoel geeft een genie te zijn. Deze stier zal binnen 25 jaar Duitslands toekomst volstrekt in het water doen vallen. Maar inmiddels zijn wij niets meer dan een treurige pruisische provincie.'

Rudolf achtte elk uur aan zijn schrijftafel, elke journée de lecture nuttiger en waardevoller dan de eindeloze ritten op de legerpaarden, die hij om hun beate domheid zo haatte. Maar hij is wel de enige legerleider geweest die met sociale maatregelen kwam en die ijverde voor een uitbouw van het spoorwegnet, zó dat dit in 1914 toch het beste van Europa was. Het slecht geleide en getrainde K- und L-leger kon zich zo ook zonder Duitse steun tot 1918 tegen een overmacht op de Balkan en in Oost-Europa handhaven. Het grootste voordeel van de dagen in het leger vond Rudolf de soldatenkost. Hij was dol op hun zuurkool, uien met biefstuk en bloedworst. Rudolf verlangde naar de zomermanoeuvres. Als enige aartshertog liet hij zich volgaarne bruin branden in de zon, terwijl spierwit de favoriete kleur van alle Habsburgers was.

10. Rudolf en de weerstáánbare ondergang van Habsburg

Direct na de vreselijke Oostenrijkse nederlaag tegen Pruisen in 1866 die het Habsburgrijk ineens uit het Midden-Europese krachtcentrum naar de weke onderbuik van de Balkan drukte, liet de toonaangevende Tsjechische politicus Rieger weten: 'Maar de Oostenrijkse Idee zal blijven bestaan zolang de slavische volken daaraan vasthouden. En zolang het kan, doén zij dat.' In Praag, waar Rudolf bijna drie jaar zetelde, zal hij dikke vrienden worden met Rieger die zowel het conservatisme van de feodale Oud-Tsjechen – die met Taaffe samenwerken in de IJzeren Ring – als het radicalisme en nationalisme van de Jong-Tsjechen verwerpt. Hij deelt Rudolfs droom van desnoods een Habsburgs rijk *zonder* Duitsers. Na zijn eerste bezoeken aan Bohemen en aan de diverse Slavische gebieden neemt deze droom van Rudolf steeds concreter vorm aan in wat hij daarover op schrift stelt en in redevoeringen ten beste geeft: de basis van het nieuwe Habsburgrijk zal gevormd worden door de slavische volken. Tijdens een bezoek aan Istanboel met Stefanie merkt Rudolf zelfs eens op: 'Let op, dit wordt onze nieuwe hoofdstad Byzantium, eenmaal hoop ik je daar tot keizerin te kronen.' Rudolf besefte dat deze politiek in eerste instantie vooral een confrontatie met en terugdringen van de Russische invloed betekende. Tot bijna 1888 – dan pas breekt zijn idee over *die grosse Wende* door – stelt Rudolf dat Rusland de grote tegenstander is. 'Terwijl de monarchen elkaar in het ene na het andere verdrag en verbond omarmen, sturen de Russen alleen maar geweren en dolken naar de Balkan. Eerst hebben ze van Montenegro een in anti-Habsburg-hysterie gek geworden vazal gemaakt, nu wordt er gewerkt aan Servië, en tenslotte zullen ze de lont ontsteken in Bosnië.' Het was een even raadselachtige als visionaire voorspelling: inderdaad is Montenegro de verbeten Russische bondgenoot gebleven tot en met de Eerste Wereldoorlog. Inderdaad heeft Servië in het eerste decennium van de twintigste eeuw de volte-face van 180 graden gemaakt van Oostenrijkse satelliet tot Russisch pistool op de borst van Habsburg. Inderdaad zijn het radicale activisme en terrorisme van Bosniërs tenslotte de aanstekers geweest van de Eerste Wereldoorlog. De bij de vrede van San Stefano – na de Russisch-Turkse oorlog die in feite de genadeslag toebracht aan de oude Turkse dominantie op de Balkan – in 1878 officieel in het leven geroepen staten Roemenië en Servië waren bedoeld als cordon sanitaire tegen Rusland. Beide landen zullen in de Eerste Wereldoorlog echter aan Russische zijde staan. Het steekspel tussen de grote mogendheden over een andere heropgerichte staat, Bulgarije, opent Rudolf nog meer de ogen voor de gevaarlijke Russische politiek. Rudolf steunt daarom de door de Duitsers en Oostenrijkers op het beslissende moment in de steek gelaten Alexander van Battenberg, die een anti-Russische troon in Bulgarije had kunnen en zullen oprichten. De merkwaardige, vrijwel vergeten oorlog die er dan nog uitbreekt tussen Bulgarije en Servië beschouwt Rudolf, juist omdat de Oostenrijkers de Serven wel moeten steunen, als catastrofaal voor de consistente opbouw van een geheel aan solide bondgenootschappen tégen Rusland.

De aartshertog Johann Salvator van Toscane meent Rudolfs gedachten niet alleen te raden maar er ook drastische conclusies aan te mogen verbinden. Hij probeert zelf op de Bulgaarse troon te klauteren, een complot dat, omdat het in wezen een kleine staatsgreep is tegen Franz Joseph, door Rudolf absoluut wordt verwenst en verworpen. Rudolfs theorie is: de Russen klem laten lopen in de *Scheissgasse* Bulgarije: 'We moeten er voor zorgen dat ze er dan niet meer uit kunnen ontsnappen.' In het kader van zijn pro-slavische politiek is Rudolf ook een verbeten tegenstander van alle katholieke missioneringspolitiek in Bosnië en Herzegowina. Rudolf houdt daar spetterende anti-katholieke redevoeringen. Vergeleken met Franz Ferdinand, die later bij zijn drukke politieke reizen op de Balkan steeds ter redevoering op *Spickzettel* moet kijken, spreekt Rudolf met soepele verve voor de vuist weg. De culturele en economische voordelen van het Habsburgrijk zullen volgens Rudolf op den duur vruchtbaarder en perspectiefvoller moeten blijken dan 'de betovering van nationalisme en rassenhaat.'

Het loopt allemaal vast in de fuik van een steeds hechter pro-Duitse politiek van Habsburg, dat wil zeggen: een steeds meer onderwerpen van de Oostenrijkse belangen aan die van Duitsland. Daar is dan het bondgenootschap met het volgens Rudolf onherroepelijk verraderlijke Italië nog bijgekomen. Hij voorspelt, dat de Italianen na het uitvallen van Turkije een nieuwe penetrant op de Balkan zullen worden. Hij kreeg gelijk, het kwam tenslotte zelfs tot de stichting van het sterk door Italië beïnvloede Albanië.

Rudolf en Duitsland

Al bij het eerste bezoek van Rudolf aan Berlijn doet zich op een jachtpartij een ernstig incident voor; het wordt uitgelegd dat Rudolf wat verkeerd heeft aangelegd, waardoor de Duitse kroonprins bijna een kogel opliep. Rudolfs afkeer van Wilhelm was uiterst intens. De zich tot overtuigde atheïst ontwikkelende Rudolf zei eens: 'Als Wilhelm de ondergang van de Habsburgdynastie niet bewerkstelligt, zal ik moeten geloven dat er toch een God bestaat.' In *Aus meinem Leben* heeft Wilhelm zelf zijn gal gespuwd over Rudolf en schijnheilig ook diens goddeloosheid berispt. Maar de door zijn vader geregeld op zwart zaad gezette Wilhelm bedelde bij Rudolf wel steeds om geld, onder meer om zich in hotels liefst met twee dames tegelijk, liefst twee zusters, terug te trekken. Rudolf schrok er niet voor terug onder pseudoniem een vilein verhaal over Wilhelms kontakten met koppelaarsters en hoeren de pers in te sturen.

De ziekte en tragische dood van de 'keizer van 99 dagen', Friedrich de Derde, die in 1888 Wilhelm I opvolgde, waren voor Rudolf een grote slag. Hij had hoge hoop gevestigd op de nieuwe liberale keizer, een man die boeken las, die een bewonderaar was van de angelsaksische democratische traditie, die getrouwd was met een Engelse prinses die constant voor een betere, zo mogelijk vaste relatie tussen Engeland en de K- und K-monarchie liep te pleiten.

'I'm very sorry that I made no progress,' schrijft de keizer vrijwel elke morgen op het leitje dat zijn vrouw hem voorhoudt.

Terwijl de latere Wilhelm II als kroonprins al luid verkondigde pistolen en degens in de wiegen van alle Duitse kinderen te zullen leggen, zodat ze zouden helpen 'vreemde naties uit Duitsland weg te houden', moet Friedrich onder afschuwelijke pijnen zijn onherroepelijke dood tegemoet zien. Rudolf schreef na een bezoek: 'De vriendelijke ogen verlangen zó een rede uit te spreken! Maar het is hem onmogelijk een woord uit te brengen. Slechts een licht piepen en rochelen is hoorbaar door neus en keel, verder niets. Hij knikt alleen maar en schudt graag handen en pakt je beet bij je schouder.'

Keizer Friedrich heeft keelkanker. Alle uitgevoerde operaties zijn vergeefs. De keizer kan tenslotte bijna niet meer ophouden met hoesten. Hij stoot stromen etter uit, waaronder stukjes verrot vlees. Hij heeft dagen achtereen onwaarschijnlijk hoge koorts. Symbolisch is het bizarre gevecht, dat de Duitse artsen bij dit wandelende sterfbed voeren tegen de door de keizerin almaar beschermde en gepousseerde Engelse specialist Mackenzie. Deze slaagt er inderdaad in met onwaarschijnlijkste trucs 's keizers leven te rekken. De Duitse arsen drukken enkele malen buiten hem om operaties door, die de toestand alleen maar verslechteren. Rudolf komt zelf tot de bittere conclusie: 'Engeland, de toekomst en het liberalisme moéten deze slag wel verliezen.' Het gedrag van zowel Bismarck als de Duitse kroonprins is van een gènante onverholenheid. Ze doen beiden net of de keizer al bijna dood is; slechts luttele jaren later zal Bismarck moeten beseffen dat hij zélf zijn Waterloo heeft bereikt bij de nieuwe imperator, die bijna liep te kraaien van plezier bij de aanstaande dood van zijn vader: hij zou tenminste geen *Kronprinzenfieber* oplopen, zoals Rudolf!

Uitzichtloos

Onder de van 1879 tot 1891 met zijn IJzeren – conservatieve – Ring regerende Taaffe was het niet meer dan *Fortwursteln* geblazen in de к- und к-politiek. 'Men moet alle nationaliteiten in gelijke mate in permanente staat van onwetendheid houden,' vindt Taaffe, die een grote hekel heeft aan Rudolf omdat deze hamert op de noodzaak de nieuwe hardwerkende middenklasse in het rijk politiek en sociaal te mobiliseren en samen te bundelen als aflossing van de wacht van de conservatieve liberale grote bezitterskaste en als borstwering tegen de opmars van een christelijke volkspartij aan de extreem-rechtse zijde en een radicaal-socialistische aan de extreem-linkse. Het Taaffe-systeem is volgens Rudolf 'Marasmus'-politiek, die zich niet aanpast aan de grote sociale, economische, culturele aardverschuivingen van de tijd. De basis van de moderne staat is het progressieve burgerdom. Rudolf bepleit een drastische uitbreiding van het tijdens zijn leven nog altijd beperkte vierklassenkiesrecht dat slechts zes procent van de bevolking in de hele к- und к-monarchie tot de stembus toelaat. In 1888 is Rudolf tot de conclusie gekomen dat de interne en externe bedreigingen voor het rijk te machtig zijn geworden. Extern zijn daar de verpletterende omhelzing door het Duitse rijk en de isolering van Oostenrijk in de wereldpolitiek. Interne bedreigingen vormen het slavische nationalisme, en de opmars van fatale extreme politiek.

11. Rudolf: filo-semiet onder anti-semieten

De studenten- en jeugdbeweging in Oostenrijk stond al vóór de
revolutie van 1848 in overwegende mate aan de radicaal-
nationalistische kant richting Pruisen. In 1848 werd in verschillende revolutionaire studentenkringen de leuze *Anschluss*
vernomen. De Anschluss moest er een zijn met Pruisen, om
vanuit die twee-eenheid Habsburg/Hohenzollern de Duitse
nationale staat – het *Tweede Rijk* waarvan toen door de
radicalen werd gedroomd – op te bouwen. Na de mislukking van 1848 richt het radicalisme zich nog sterker op
vernietiging van de Habsburgse veelvolkenstaat. Het 'cos-
mopolitisme' daarvan krijgt de schuld van de mislukkingen
van 1848. De Burschenschaften en Korpsen ventileren hun
radicalisme in steeds vehementer Duits-nationalisme – wat
onherroepelijk de omhelzing van Pruisen moet betekenen –
en in wat door de historicus Andrew Whiteside 'the socialism of fools' is genoemd: het anti-semitisme. Rond 1859,
Rudolfs geboortejaar, zijn de radicale Duitse-nationalisti-
sche en anti-semitische studentenverenigingen in Wenen
volledig in de meerderheid en de namen klinken geharnast
genoeg: Markommania, Silesia, Germania, Alemannia,
Teutonia, Teutia, Walhalla, Thaya, Saxonia, etc.
Terwijl in Hongarije pas de eerste anti-semitische rellen
uitbreken in 1883 en dat nog naar aanleiding van in de pers
bizar opgeklopte geruchten over een rituele moord, kent
Oostenrijk al volop het anti-semitisme als geaccepteerde
ideologie.
De gestrande student Georg Ritter von Schönerer is vooral
sedert de economische krach van 1873, die een vloed van
nieuwe sociale rancunes en angsten oproept, de vertegen-
woordiger en drijver bij uitstek van 'the socialism of fools.'
Sedert de dood van zijn schatrijke vader, in 1881, is hij
financieel onafhankelijk. Hij formeert zijn radicaal pro-
Pruisische en programmatisch anti-semitische Koren-

bloempartij. De Korenbloem is het symbool van het Pan-Germanisme, later ook van de Los-von-Rom-beweging. Voor de Oostenrijkse Pan-Germanen is Bismarck de Johannes de Doper van een groot Germaans Tweede Rijk. Schönerer slaagde er in krachtig te profiteren van de breuk, die zich eind jaren zeventig ontwikkelde in de liberale Verfassungspartei. De oudere conservatieven blijven pro к- und к, de jongliberalen kunnen hun radicalisme enkel kwijt in pan-germanisme, en anti-clericalisme, want Pruisen blijft ook het symbool van de aloude Duitse opstand tijdens de reformatie tegen Rome en de clericale overheersing. 'Mamelukken rond de troon' noemt Schönerer allen die de к- und к-ideologie nog steunen. Daarmee penetreert hij ook bij linkse intellectuelen en arbeiders, die zich pas eind jaren tachtig in een volledig van Schönerers radicalisme afstand nemende echte socialistische partij groeperen, als de nieuwe tweede macht tegenover het clericale conservatisme. Ook in dat kamp zaait Schönerer intussen grote verwarring. Er volgt tenslotte een heroriëntering binnen clericaal-rechts, die uitloopt op de christelijk-sociale volkspartij waarin als ideoloog Vogelsang en als straatactivist de latere burgemeester van Wenen, Lueger, een beslissende invloed oefenen. Het is geen toeval dat zowel Vogelsang als Lueger drastisch 'door Schönerer' zijn heengegaan. Nog meer dan Vogelsang, die ook zijn verschrikkelijke uitglijders had, was Lueger een programmatische anti-semiet, die grote indruk heeft gemaakt op Hitler, die overigens in zijn *Mein Kampf* Ritter von Schönerer tot baanderheer van het nazisme doopt. Het pijnlijke is, dat socialistische voormannen als Viktor Adler en Pernerstorfer ook een tijdlang erg tegen Schönerer hebben aangehangen. Hier ligt de wortel van de anti-semitische traditie – een kleine gelukkig – aan de Oostenrijkse linkerzijde, tot de dag van vandaag. En tenslotte kende ook een prominente jong-liberaal als Friedjung, historicus van formaat, zijn pro-Schönerer-periode. 'In der Rasse liegt die Schweinerei,' was Schönerers slagzin. Dit anti-semitisme presenteerde Schönerer als zijn Sozialismus des blöden Mannes en zelfs Viktor Adler zag daar wel zin en nut in. Uit het aanvankelijk wankele verzet van de socialisten tegen Schönerers anti-semitisme en uit hun nimmer verhulde drang in de Anschluss- gedachte mee te gaan – de socialistische leider Renner zal de Anschluss in 1938 dan ook met warme sympathie begroeten! – is Rudolfs principiële wantrouwen tegen de socialisten te verklaren. Hun idealen stonden volstrekt haaks op zijn Groot-Oostenrijkse κ- und κ-idee. Rudolf stond daarom ook zeer vijandig tegenover de radicale jong-Tsjechen die intussen, het is droef maar waar, de kern van hun nationalistische ideologie verbonden met anti-semitisme en nationaal-socialisme. Een van de eerste radicale jong-Tsjechische partijen heette trouwens ook Nationaal Socialistisch. Rudolf vertrouwde eigenlijk alleen de jong-liberalen in Hongarije die geheel gebroken hadden met de traditie van Kossuth – de Los-von-Wien-ideologie dus – en onder Karolyi met stilzwijgende steun en sympathie van de oud-liberale grey eminence Tisza een liberaalsociale hervorming voorstonden, die de κ- und κ-Idee niet zou opblazen, maar sterk en 'ideaal' zou maken. Intussen, ook een belangrijke Boheemse ideoloog als Palacky heeft tot het laatst de radicalen willen vasthouden aan een handhaving van de κ- und κ-Idee. Als het Habsburgrijk niet bestond, zou het moeten worden uitgevonden, volgens Palacky. Het was immers de enige schutse tegen nationalistische en racistische hysterie die Midden-Europa en de Balkan in flarden zouden kunnen scheuren.

Hetze tegen Rudolf

Schönerer, bijgenaamd Ridder van Rosenau, ontwierp een nieuwe kalender. Het jaar 1 was dat van de Slag in het Teutoburgerwoud toen de Germanen de Romeinen in de pan hakten. In Rosenbergs *Mythos des zwanzigsten Jahrhunderts* zijn hele bladzijden uit redevoeringen van Schönerer terug te vinden. Tussen 1885 en 1895 groeide Schönerers invloed snel: tegenover 46 liberalen stonden in de gemeenteraad van Wenen in 1895 al 91 verklaarde anti-semieten. Franz Joseph merkte eens op: 'Ja, ja, men doet natuurlijk wat men kan om de joden te beschermen maar wie is er eigenlijk géén anti-semiet?' Het komt tot vechtpartijen in het parlement, waarbij de kreet *Nieder mit den Juden* domineerde. Rudolf is natuurlijk het grote mikpunt van Schönerer, wiens eigen partij relatief klein blijft omdat de Oostenrijkers niet in zijn Bismarckidolatrie mee wensen te gaan, bij de herinnering aan 1866. Maar Schönerers ideologie wordt op zeker zo heftige manier verwoord door christelijk-socialen en jong-liberalen. Rudolf is bevriend met niets dan Joden; de bankier Hirsch, de industrieel Kuranda – met wiens dochter Rudolf tijdelijk nog vrijde ook – de schrijvers Franzos, Weilen en Kraus, de journalisten Szeps, Frischauer, Futtaki en Falk. Als bekend wordt dat Rudolf aan zijn moeder teruggevonden boeken van Heine kado heeft gegeven en met haar ijvert voor een Heine-Denkmal, bereikt Schönerers campagne tegen de kroonprins eind 1888 een hoogtepunt. Wat hij schrijft in *Unverfälschte Deutsche Worte* is je reinste hitlerisme: 'Is het geen schande tegenover onze Duitse dichters, dat op onze boekenplanken ook jodenboeken staan die schimpend joodse revolutie prediken? Weg met al deze boeken, laat die maar de klassieken van de joodse boekenplanken zijn. Daar horen ze thuis, bij de uitvinders van de karakterloosheid en van de huichelarij. En in plaats daarvan wordt de literatuur aan joodse razzia uitgeleverd!'

Schönerer durfde zich rechtstreeks tegen de kroonprins te richten: 'Hij is de kampioen met zijn mond tegen onze uitzuigers maar hij laat zijn rekeningen zelf door Hirsch betalen.'

Al in 1885 was Rudolf in 'n openbare bijeenkomst door Korenbloemaanhangers gemolesteerd. Hij wenste er geen politie bij te halen na zichzelf uitstekend te hebben verdedigd: 'Ik beschouw deze aanranding als een compliment want het is altijd vleiend door zulk rapalje gehaat te worden.'

Tenminste eenmaal is er zelfs een poging gedaan Rudolf uit de weg te ruimen. Ook in de buitenlandse anti-semitische pers werd hij aangevallen. Eduard Drumont, die Frankrijk zijn *La France juive* schonk, tekent in *La fin d'un monde* Rudolf als een phylloxera asiatica. Schönerer noemt Rudolf een Pressebestie en Börsenkäfer. Hij voelt zich sterk genoeg om met zijn knokploeg de burelen van Szeps *Neues Wiener Tagblatt* te bestormen. Nog meer aangeslagen voelt Szeps zich door de uiterst vileine Duits-nationalistische aanval op zijn links-liberale blad door de socialist Pernestorfer. Het is de aartshertog Otto, roemrucht van zijn naakte invallen bij Sacher, die Pernestorfer tuchtigt en toetakelt zodat hij verscheidene weken de parlementszittingen moet verzuimen. Het staat vast dat Otto handelde op verzoek van Rudolf. Hij kon zeer cholerisch en agressief zijn. Als hij zich 's morgens in zijn uniform liet helpen door Nehammer zei hij wel eens: 'Ik heb de hele nacht liggen haten.' In samenwerking met de joodse kranteman Bresnitz durft Rudolf op het hoogtepunt van de stormen tegen hem nog een uitdagend initiatief aan. Hij richt zelf een krant op. Op 31 oktober 1888 verschijnt het eerste nummer van *Schwarzgelb, Politisches Journal. Organ für altösterreichische und gesammtstaatliche Ideen.* Het blad verdedigde de absolute gelijkberechtiging van alle nationale minoriteiten binnen de k- und k-monarchie. In de buitenlandse koers werden een breuk met Duitsland bepleit en een verbond met Frankrijk. Op de Balkan moest een definitieve vrienschappelijke afgrenzing worden gezocht in invloedssferen van Oostenrijk en van Rusland. Ook het kortstondige *Wiener Tagblatt*, dat Szeps na het failliet van zijn *Neues Wiener Tagblatt* begon, werd goeddeels door Rudolf gefinancierd. Rudolfs hele *grosse Wende*, zijn beslissende keuze voor Frankrijk en Rusland samen tegen Duitsland, werd samengevat in de door hem opgestelde en in Schwarzgelb gepubliceerde *Zehn gebote des Österreichers.* Het vierde gebod luidde: 'Gij zult geen afgoden aanbidden zoals Pruisen of het door Pruisen beheerste Duitsland.' Het zesde gebod luidde: 'Gij zult geen onderdrukking begeren van enige natie of ras, noch de heerschappij van de ene natie over de andere, want volledige nationale gelijkberechtiging, vormt de zekerste grondslag voor de Oostenrijkse staatsidee.' Het negende gebod luidde: 'Gij moet niet vergeten dat Oostenrijk de grootste monarchie ter wereld was, waarin de zon nooit onderging en dat het nog tot in onze dagen heerste in Duitsland en Italië en dat het door de voorzienigheid geroepen is te blijven bestaan tot aan het einde der tijden.'

12. Rudolf's Brief aan de vader

In april 1888 verscheen, in een oplage van 400 exemplaren in Parijs een Open brief van Julius Felix aan Zijne Majesteit Keizer Franz Joseph I: *'Österreich – Ungarn und seine Allianzen.'* Het is, vóór Kafka's *Brief aan de vader*, ongetwijfeld het meest verbazingwekkende geschrift dat een zoon ooit tot zijn vader richtte. Want Julius Felix was Rudolf. Nooit is vast komen te staan of men dit Franz Joseph meedeelde, toen men hem een exemplaar van het pamflet – bijna vijftig pagina's – aanreikte. Franz Rudolf reageerde als de vader van Kafka: hij legde het boekje op zijn buro en heeft het nimmer geopend.

Het pamflet geeft in glasheldere stijl, op voortdurend polemiserende toonhoogte, in felle ironie Rudolfs ultieme conclusie over de toekomst van Europa. Hij durft die *grosse Wende* aan, hij durft pleiten voor de ongehoorde renversement des alliances die een Eerste Wereldoorlog en de fatale ontvouwing van de furor teutonicus had kunnen voorkomen. Habsburg moest Hohenzollern loslaten. Habsburg moest de hand reiken aan de Franse republiek. Habsburg moest zelfs de hand reiken aan Rusland en het in die Entente dwingen tot meer liberalisme. Met steun van Engeland in de rug en bondgenootschappen met alle Balkanstaten was hier een heel andere IJzeren Ring dan waarvan Taaffe ooit had gedroomd. Een IJzeren Ring om Duitsland, desnoods met geweld, de tucht van de vrede en europeïsering van het germanendom af te dwingen. De vijand was Duitsland, daartegen hielp alleen een historische omwenteling naar een nieuwe anti-Duitse *cordon sanitaire.*

'In 1870,' aldus Rudolf, 'lieten wij de enige gelegenheid lopen om alle trouweloosheden, morele geslampamper en nederlagen die Bismarck ons in tien jaar bezorgd had, in het belang van Europa te wreken.' Het was nu vijf minuten voor twaalf. Achter de gek geworden kroonprins Wilhelm, die ondanks z'n eigen Aziatenziel steeds van de voorzienigheid durfde te reppen, zijn de nieuwe Germanen zich overal aan het bewapenen. 'Wat dacht u, Majesteit, dat ze iets anders goten in hun arsenalen dan kanonnen? Ze slijpen hun sabels en bouwen hun slagschepen niet voor een eeuwigdurende manoeuvre. Ons verbond met Italië is een waan. Voor zijn nederlagen in 1866 kreeg Cavour van Bismarck al Venetië kado. Bij een nieuw Europees conflict zal Italië zich altijd op de rug van Oostenrijk storten. Bismarck schonk Oostenrijk een fraai geschenk: een vat der Danaiden, de Balkan. Bismarck laat het daar graag lekken zodat Oostenrijk er zijn bloed en laatste sympathie voorgoed verspeelt, en zich uitlevert aan de noodlottige confrontatie met Rusland, als Rusland Turkije voorgoed heeft uitgeschakeld.' 'Wij zijn door Bismarck aangesteld als de wachters op de Balkan, maar hij heeft geen knook van een Pruisische grenadier over voor één meter Bulgaarse grond. Majesteit, de Duitsers hebben een hekel aan geschiedenis en aardrijkskunde, ze willen zélf geschiedenis en een nieuwe geografie maken!' Ook de Russen zullen volgens Rudolf gaan inzien, dat ze bij alle allianties en verbonden door Duitsland slechts als schilden en uithangborden zijn benut. Habsburg is het unieke verbond van Oostenrijkers, Hongaren en Slaven. Elke tegen Rusland gerichte Balkanpolitiek kan enkel de federatieve idee in het Habsburgrijk aanranden en het panslavisme in de kaart spelen, zodat dit een spook wordt dat de Balkan uiteen doet spatten in zowel tegen Oostenrijk als tegen Rusland gerichte vormen van allerlei slavisch nationalisme. Want er is geen grotere verdeeldheid dan onder de zogenoemde panslavisten. 'Majesteit, de deur staat nog op een kier, zolang keizer Frederik III leeft, heerst nog niet de furor teutonicus. Het tijdperk van godsdienst en moraal, die de meedogenloze nationalistische en racistische politiek temperden of blokkeerden, zijn echter voorgoed voorbij. De politiek is totale pruisische intrige geworden. Majesteit, laat daarom af van het zinloze adem zoeken op de Balkan. Wij moeten de ruggen rechten tot de enige overgebleven alliantie: Frankrijk, Habsburg, Rusland, de rest is schijn en huichelarij. Nooit zullen de Duitse verdedigers van rust en orde ophouden onrust te zaaien, het nihilisme aan te wakkeren, het anarchisme te betalen. Majesteit, gedenk het woord van uw grootste voorgangers: Austria erit in orbe ultimo! Wilhelm is nu nog Bismarcks Augustubulus, maar hij zal de verschrikkelijke oorlogsheer worden. Hij zoekt uw vertrouwen, Majesteit, om het te misbruiken! Hij omarmt u om u geluidloos te verpulveren. Hij noemt zich uw broeder om u als zijn naaste te verdelgen. Weg met Pruisen, leve Oostenrijk, leve Habsburg!'

Het pamflet is visionair, van subtiel inzicht. In verbeten wanhoop zag Rudolf de toekomst voor zich: Habsburg ten onder gaande in de omhelzing van Duitsland, omsingeld, ingesloten, verslagen door Frankrijk, Engeland en Rusland, die de bondgenoten van een liberaal, polyethnisch, federatief Habsburgrijk hadden moeten zijn, in de rug aangevallen door de beweerde bondgenoot Italië, in een wereldconflict onder militaire dictatuur tenslotte naar ontbinding en ondergang gevoerd. Ooit was een Rudolf de stichter van de Habsburg-dynastie. Volgens de legende zou ook een Rudolf de geschiedenis van de dynastie afsluiten. In januari 1889 gaf Rudolf alle hoop op. Drie maanden na zijn dood werd de man geboren die als een Hegeliaanse list van de rede als Oostenrijker het laatste restje Oostenrijk voorgoed zou doen verschrompelen tot Oostmark van het Duitse rijk.

13. Het naspel: van Habsburg tot Hitler

Rudolf wordt op 5 februari 1889 om vier uur 's middags begraven in de Kapuzinergruft. Bij het gedrang van de meer dan honderdduizend Weners in de hoofdstraten van Wenen komen vijf mensen om het leven. Het is ijzig koud, er dwarrelt sneeuw. Franz Joseph en Gisela wonen de ceremonie van de uitvaart bij, Sisi en Valerie ontbreken. In de grafkelder waar 113 andere Habsburgers die ooit regeerden begraven liggen – met tussen hen in Napoleons zoon, de hertog van Reichstadt, die misschien de vader van Franz Joseph was – wordt Rudolfs kist nog eenmaal geopend. De hofmaarschalk, de prins van Hohenlohe, vraagt de prior van de kerk: 'Herkent gij dit stoffelijk overschot van wijlen Rudolf, aartshertog van Oostenrijk, bij zijn leven erfprins van de kroon?' De prior antwoordt: 'Ja, ik herken het, voortaan zullen wij vroom over hem waken.'

Op 9 februari, als een krant in New York weet te melden, dat er in Wenen al driehonderd vrouwen zijn gearresteerd, verdacht van moord op Rudolf, daalt Sisi, gekleed en zwaar gesluierd in het zwart dat zij tot haar dood nimmer meer heeft afgelegd, in de vallende schemer nog eenmaal af naar de crypte. De paters hebben fakkels ontstoken. De gigantische schaduw van Sisi wankelt bizar over de tientallen Habsburgtomben. Verstard als een pagode blijft Sisi staan voor het graf van Rudolf. De paters verstijven als ze de verschrikkelijke, rauwe kreet vernemen, driemaal achtereen: 'Rudolf! Rudolf! Rudolf!'

Sisi verlaat de grafkelder en zal deze nooit meer betreden. 'O, op dat moment,' schreef ze aan haar jongste dochter, 'stierf het leven in mij. Sedertdien leef ik enkel voort op het verslindende verlangen naar de dood.' Ze wordt de mater dolorosa onder de vorstinnen. Ze tuchtigt zichzelf zo met vermageringskuren, gymnastiek en urenlange wandelingen in marstempo dat ze soms niet meer dan 45 kilo weegt en aan hongeroedeem dreigt te bezwijken. Eenmaal vraagt zij haar arts oogkleppen voor haar te maken zoals men die bij jonge paarden opzet. Een van haar laatste platonische minnaars, de Griekse leraar Constantijn Christomannos, tekende in zijn dagboek op hoe zij zich op het keizerlijke jacht dat de rusteloze over haar voorkeurzeeën – de Adriatische, de Griekse – voerde, bij storm en regen aan de mast liet vastbinden of op een aan het dek bevestigde massieve stoel. Sisi zei hem: 'Ik voel me nu Odysseus, mij bekoren de golven net zoals eens hem.'

Haar aantekeningen uit de laatste jaren en de schaarse, nu volstrekt humorloze gedichten die ze nog produceert, zitten voortdurend vol zelfmoordfantasieën. Het einde komt op 9 september 1898, op een kade in Genève.

'Vertrouw nooit op hen die zich beroepen op politieke idealen, zij zijn de hartstochtelijkste moordenaars,' schreef zij eens. De Italiaanse anarchist Lucheni was zo'n idealist. Hij doodde Sisi moeizaam met een vijl. Als Franz Joseph de nieuwe Jobstijding verneemt, stort hij een moment ineen. 'Mij blijft ook niets bespaard.' Hetzelfde zei hij in 1914, na de moord op de troonopvolger Franz Ferdinand en diens echtgenote, gravin Sophie Chotek. Zij was niet adellijk genoeg geweest. Franz Ferdinand had een document moeten tekenen, waarin hij instemde dat zijn kinderen afzagen van opvolging. Franz Joseph heeft altijd geweigerd Sophie Chotek bij officiële staatsdiners te laten aanzitten. De plaats naast Franz Ferdinand bleef dan leeg maar er werden volgens de grillige Habsburgse etiquette, wel borden met bestek neergezet, waarop Franz Ferdinand soms niet kon nalaten kleine porties voor zijn afwezige vrouw te deponeren.

Mayerling und kein Ende

Pas einde maart 1889 kreeg Helene Vetsera toestemming van Franz Joseph het graf van haar Mary-dear in Heiligenkreuz te bezoeken. Twee jaar later publiceerde zij haar aanklacht tegen de keizerlijke verdonkeremaning van haar dochter: *Denkschrift über die Katastrophe von Mayerling*. De oplage bedroeg 100 exemplaren, 99 daarvan werden door de politie opgespoord en vernietigd. Het enige authentieke overgebleven exemplaar kwam via haar dochter Hanna, die trouwde met onze Hendrik graaf van Bylandt, in 1913 in handen van de Leidse Universiteitsbibliotheek waar men het onder nummer 1370 B 32 kan inzien.

Hanna Vetsera stierf op 33-jarige leeftijd, in 1902, bij de geboorte van haar eerste kindje. De oudste zoon van Helena Vetsera was omgekomen bij de Weense theaterbrand van 1881. Haar tweede zoon stierf aan het front van de Eerste Wereldoorlog. Haar vermogen ging verloren in de inflatie van de vroege jaren twintig. Helena Vetsera stierf vereenzaamd in een Tsjechisch burgerkosthuis, in 1925 is ze verhongerd, misschien pleegde ze zelfmoord. Volgens Gerd Holler, die in zijn nieuwste Mayerlingboek – *Neue Dokumente zur Tragödie, 100 Jahre danach* (Amalthea, Wenen) – met volgens hem aan zekerheid grenzende bewijzen komt, dat Mary Vetsera's schedel geen spoor van een schot vertoonde, zou de geestelijkheid van Heiligenkreuz alleen met toestemming van Helena Vetsera of een van haar kinderen tot opening van het graf gebracht kunnen worden. Deze heropening wordt tot nu toe consequent geweigerd, evenals uiteraard die van het graf van Rudolf zelf.

Volgens Holler is Mary's graf in 1945 bij toeval al eenmaal geopend door plunderende Russische soldateska, op zoek naar mogelijke juwelen in de graven.

Otto von Habsburg

Stefanie was op 3 februari 1889, dus nog vóór de begrafenis van Rudolf, aanwezig op een door het Belgische koningspaar aangeboden diner. Ze gedroeg zich alsof er niets was gebeurd. In 1900 kon ze zich eindelijk aan de door haar verachte konkelende Hofburgclique onttrekken door een tweede huwelijk met de Hongaarse graaf Lonyay, die een boek over het Mayerlingdrama zou schrijven en Stefanie hielp bij haar uiterst anti-rudolfiaanse memoires. Deze werden in 1935 in Oostenrijk overigens op last van haar dochter Elisabeth in beslag genomen. Het clericaal-fascistische regime onder Dollfuss' opvolger Schuschnigg maakte juist een periode door waarin het Otto van Habsburg als boy in the backroom mobiliseerde voor een eventueel herstel van de monarchie. Dat zou heel katholiek Oostenrijk zich immers wel eens schrap kunnen doen zetten tégen Adolf Hitler! Nog op 12 februari 1938 deed Otto van Habsburg pogingen als kanselier te worden benoemd aan het hoofd van een grote coalitie van rooms en rood tegen het Hakenkruis.

Erzsi

Het boek van Stefanie – *Ich sollte Kaiserin werden* – is van een grote grijze saaiheid en braafheid. De dood van Rudolf manifesteert zich in dit geschrift als het wegvallen van een voor het leven van Stefanie verpletterend atlasgewicht. Inderdaad is Stefanie in haar tweede huwelijk bekoorlijker, eleganter geworden. Ze richtte zich radicaal op haar eigen levensgeluk. Met de dochter Erzsi, die graaf Lonyay haat en een intense Rudolfliturgie cultiveert, is de verhouding sedert 1900 snel aan het verslechteren. Erzsi beantwoordt het huwelijk van haar moeder met haar eigen huwelijk, op 18-jarige leeftijd, met de ver beneden de Habsburg-stand vallende militair en vrouwenman Otto Windischgraetz. Toen Erzsi in 1901 haar oog liet vallen op deze schneidige ruiter, die zo uitblonk tijdens de jacht en op de renbaan, was Windischgraetz al verliefd en verloofd. Hij kreeg van Franz Joseph in particuliere audiëntie bevel deze verloving te verbreken en te trouwen met Erzsi die dit nu eenmaal wilde. Erzsi, die volgens de pragmatieke sanctie van Maria Theresia had kunnen opvolgen, deed afstand van alle troonrechten. Haar huwelijk, materieel gebouwd op de miljoenen die Franz Joseph aan Erzsi schonk, werd na luttele jaren een catastrofe.
Erzsi is verschrikkelijk jaloers op de vele vrouwenaffaires van Windischgraetz. Eenmaal richt ze zelfs een pistool op

hem en schiet maar net niet raak. De pas in 1924 uitgesproken scheiding was echter veel meer het gevolg van Erzsi's eigen ontrouw en regelrechte nimfomanie. Ze dwong Windischgraetz al vroeg in het huwelijk afrodisiaca in te nemen om aan het immer brandende vuur in haar te voldoen. Curieus genoeg publiceerde een nazaat van Windischgraetz, Ghislaine Windisch-Graetz, bij Amalthea een pil van een biografie over Erzsi onder de titel *Kaiseradler und rote Nelke, das Leben des Kronprinzen Rudolf.* Het is een welwillend boek voor Erzsi. Aan de bijna 1.90 meter lange dochter van Rudolf moeten vanwege de slagschaduwen van Mayerling de onvermijdelijke excessen maar worden vergeven. In de grond was ze warm, goed, energiek, positief. Ze werd geboren op 2 september 1883. Nog een paar dagen ervoor schreef Rudolf aan Stefanie voorzichtig te zijn in haar bewegingen, haar herinnerend aan de gruwelijk trage bevalling van Rudolf door Sisi, die in die augustusdagen van 1858 tot handenwringende radeloosheid van Franz Joseph de hele Hofburg bij elkaar gilde. 'Pas goed op jezelf, denk aan onze kleine Wenzel, denk aan mij.' Wenzel zou Rudolfs zoon moeten heten, hij was vast van zijn geboorte overtuigd. Toen klonken de 21 saluutschoten in plaats van de 104: Elisabeth Maria was geboren.

Sisi dichtte:

> *Dein Grosspapa Franz Josef heisst*
> *und Rudolf dein Papa*
> *In dir vereint sich beider Geist*
> *Mit Anmuth der Mama*

Het moet in een van de weinige goede buien geschreven zijn die Sisi ooit tegenover haar kleinkinderen toonde. Deze herinnerden haar maar aan het eigen ouder worden. Ze liet zonder gêne of genade haar afschuw van de peuters en kleuters blijken. Erzsi kreeg van de keizer een spaarpotje van ƒ 50.000,- die Rudolf in haar naam meteen besteedde om een tehuis voor weeskinderen op te richten. De met Rudolfs eigen geld daaraan nog toegevoegde tehuizen – thans bejaardencentra voor arme ouden van dagen – heten nog altijd Elisabethshuizen.

Erzsi's geboortedag viel samen met de tweehonderdste herdenking van het ontzet van Wenen na het maandenlange beleg door de Turken. Het Habsburgrijk was nog altijd een kolos. Schoolkinderen in Wenen, Praag, Boedapest, Lemberg, Salzburg, Triëst, Serajewo kregen allemaal feestelijke knalbonbons in de vorm van een к- und к-granaat. Ook in de Mohammedaanse streken van het rijk stroomden de mensen naar de moskeeën om God te danken voor Erzsi en... voor het ontzet van Wenen.

Erzsi toonde als vier-, vijfjarige al haar cholerische gemoed. Ze is gek op poppen, maar poppen die stout zijn of afkomstig bleken uit winkels buiten het Habsburgrijk draait Erzsi in razende woedeaanvallen de nek om. Armen en benen slingert ze rond in de gangen van de Hofburg. Ze kan opmerkelijk soepel lachen en huilen tegelijk. Ze heeft een hekel aan vriendinnetjes. Ze weet al dat die toch niet deugen en vertroetelt liever haar kleine grauwe ezeltje en haar luidruchtige papegaaien, die nooit iets op haar grillen terugzeggen. In het voorjaar van 1888 bracht Erzsi haar enige bezoek aan Mayerling. Ze heeft geen afscheid meer van Rudolf kunnen nemen. Toen hij op maandag 28 januari 1889 haar kamertje wilde binnengaan, zat de deur op slot. Aja liet de kroonprins niet binnen, Erzsi zat net op haar privé-wc-tje die ze trots 'mijn troon' noemde. Op de ochtend van de 30e januari zit Erzsi een Hongaars boekje te spellen met haar Franse goevernante. Door het raam ziet ze neer op het plein waar een korps soldaten een mars van Meyerbeer speelt. Plotseling verstomt de muziek. Erzsi krijgt even later te horen dat haar vader een ongeluk heeft gehad op de jacht en waarschijnlijk voorgoed naar de wolken is vertrokken. 'Liefste papa, dan zal ik je dus nooit meer zien,' zegt Erzsi, in de door mist en wolken verstopte hemel turend. Ze heeft rode ogen als ze door een wankelende Sisi naar binnen wordt getrokken. Voortdurend treft men Erzsi aan bij de in de wind kletterende zwarte vaandels van de Habsburgers, op de pleintjes, in de tuinen van Hofburg en Schönbrunn. Erzsi hoopt steeds op de vaandels de haviken en valken te zien neerstrijken die eens de Habsburgers voorgingen op hun tocht naar Zwaben, Zwitserland, Spanje en Lotharingen naar hun uiteindelijke tehuis Oostenrijk. Nog eenmaal mag Erzsi haar vader zien als hij ligt opgebaard. Eerst denkt Erzsi dat Rudolf toch gewoon rustig ligt te slapen. Misschien, vraagt ze Stefanie, kan ze hem wel wekken met een kus zoals in de sprookjes gebeurde die Rudolf haar vertelde. Ze bidt met de ogen stijf dichtgeknepen lange tijd, daarna zegt ze tegen een onaandoenlijke Stefanie: 'Het is toch zo dat terwijl wij hier bidden voor de lieve papa, de lieve papa voor ons bidt in de hemel?'

Socialisme

Als zevenjarige nodigt Erzsi Franz Joseph elke week een paar keer in haar kamer op de thee. De keizer ziet later alles van haar door de vingers en zal bij elke financiële ramp die zij zelf of haar eindeloze stoet van minnaars en uitvreters aanrichten, ruim inspringen. Ze radicaliseert haar vadercultus zozeer, dat ze Rudolf tenslotte aan de linkerzijde nog passeert door socialist te worden en te trouwen met Leopold Petznek, een voorname figuur in de Oostenrijkse sociaal-democratische partij, die van de austro-marxisten met hun tussen radicalisme en reformisme instaande twee-en-halfde-internationale.

Petznek neemt in februari 1934 deel aan de moedige opstand van deze Oostenrijkse socialisten tegen de Dollfuss-dictatuur en keerde pas in mei 1945, bijna doodgefolterd door de nazibandieten, terug uit het kamp Dachau.

Volstrekt onrudolfiaans is Erzsi's jarenlange bedrijvigheid met spiritisme en mediums. Ze heeft een uiterst merkwaardig dagboek bijgehouden over alle tafels en stoelen die ze heeft zien dansen en zweven. Van haar vier kinderen bij Windischgraetz namen er drie – Franz Joseph, Rudolf en Ernst – geregeld aan de séances deel. Het lot van de in 1907 geboren Rudolf, die uiterlijk ongelooflijk op zijn grootvader leek, was voor Erzsi erg verdrietig. Hij kon maar geen behoorlijk baantje onder de knie krijgen, werd tenslotte benzinepompbediende en kreeg zo de smaak te pakken van het rijden op zware motoren. Hij meldde zich bij de ss om in een motorbrigade te kunnen worden opgenomen. Na een dolle rit reed hij zich in juni 1939 te pletter. Op 9 juli 1939 wordt hij begraven. Erzsi en Leopold Petznek staan op een foto van de begrafenis naast jonge nazi's die de Hitlergroet brengen en het hakenkruis laten wapperen.

Honden

Na de dood van Petznek in 1956 ontwikkelt Erzsi zich in de kastelen en villa's, waar ze ondanks haar socialisme de strafste rangorde en etiquette laat heersen, tot een huistyranne. Het ooit mede in sociaal-democratisch enthousiasme door haar gedroste personeel maakt zich geleidelijk uit de voeten. Als ze door reumatiek gedwongen is haar dagen te slijten in bed of rolstoel, heeft zij nog slechts vrienden en gezellen in haar honden. De herder Ludo, die een bijtende verschrikking is voor de enkeling die Erzsi nog wil helpen, neemt zelfs de laatste jaren 's nachts de plaats in van Leopold Petznek in het echtelijke bed.

Als Erzsi in maart 1963 haar einde voelt naderen, laat ze voor haar ogen eerst de honden door een spuitje van de dokter afmaken. Haar moeder Stefanie heeft haar na de eerste wereldoorlog nooit meer gezien. Ze is al jaren gebrouilleerd met haar kinderen en vermaakt vrijwel haar hele nalatenschap, waaronder veel schilderijen en antiek alsmede de bijna 12.000 delen van Rudolfs bibliotheek, aan de nieuwe Oostenrijkse republiek, die nog op de avond van haar dood – 16 maart – alle huizen van Erzsi laat leeghalen. Het materiaal wordt in kelders opgeborgen en is nog nimmer tentoongesteld.

Stefanie

Stefanie is kort na haar tweede huwelijk samen met haar zuster Louise in een zich over vele jaren uitstrekkend proces tegen haar vader, de bullebak, gorilla, en kleine meisjesvreter – zo werd hij in de Parijse bordelen genoemd – Leopold van België geraakt. De bullebak slaagde er natuurlijk in om de op alles wat oud en schijnbaar eerbiedwaardig was zo gestelde Franz Joseph achter zich te krijgen. Louise werd jarenlang in een gekkenhuis opgesloten. Ze werd er tenslotte uit bevrijd door een Hongaarse huzaar, met wie ze vervolgens ook maar weer een ongelukkig morganatisch huwelijk sloot. Stefanie stierf kort na de bezetting van haar villa Pannonhalma, ongeveer op de grens van Hongarije en Tsjechoslowakije, door de Russen die ook háár huis plunderden dat het een aard had. De arts Salvendy, die in 1988 een 'psychogram' van Rudolf publiceerde, trof er voor zijn onderzoek nog een honderdtal brieven tussen Rudolf en Stefanie aan, die vooral opmerkelijk zijn omdat er uit blijkt dat Rudolf nog ongeveer een jaar vóór zijn dood sexueel contact had met Stefanie. In een stijl die soms doet denken aan die van Flaubert in zijn sarcastische brieven aan Louise Colet, informeert Rudolf steeds vóór een ontmoeting met zijn vrouw of ze dan wel wil zorgen dat de regels achter de rug zijn omdat hij van plan is 'flink wat in bed te kroelen.' De villa Pannonhalma is nu een opleidingscentrum voor jonge communistische pioniers.

Valse Rudolf – kind van Mayerling

Direct na Erzsi's dood verschenen er twee sleutelromans over haar leven – en vooral de minnaars daarin –, een toneelstuk over Erzsi hield het maandenlang uit in Weense theaters. Tweemaal is Erzsi overigens nog geconfronteerd met nastoten van de Mayerling-affaire. Na de Eerste Wereldoorlog meldde zich bij haar een in soepel afkledend uniform gestoken Roemeense officier, die was gevangen genomen door generaal Falkenhayn. De man beweerde Rudolf te zijn, hij had Roemenië willen redden van de Duitse bezetting. Erzsi heeft hem even hardhandig laten wegbonjouren – vooral toen hij over geld begon – als de kecke jongeman op witte bordeelsluipers die uit Amerika overkwam en beweerde het *Kind van Mayerling* te zijn. Hij stelde bij hoog en laag dat de doden van Mayerling fakes waren. Rudolf en Mary waren uitgeweken naar Venetië en daar samen aan een besmettelijke ziekte gestorven.

86

De eerste Mayerlingromans – vijf tegelijk – verschenen al in februari 1890: in Dresden, in Zürich, in Leipzig, in Berlijn en in Mannheim. Het is daarna een hele industrie geworden. Er zijn mij voorts vijf Mayerlingfilms bekend. Op woensdag 25 januari 1989 draaide op het eerste Duitse net een redelijke Hongaarse speelfilm. De beste film blijft voor mij die uit 1955 met Rudolf (!) Prack in de hoofdrol. De meest ridicule film is die van de vooral met enige James Bondfilms fameus geworden Terence Young. In de hoofdrollen schutterden op beschamende wijze Catherine Deneuve en Omar Sharif.

Zelfmoordengolf

Triest was een aantal zelfmoorden dat in 1889 volgde kort op de dood van Rudolf. Ik noem die van Rudolfs jarenlange rechterhand Bombelles die volgens sommigen een groot aantal geheimen in zijn graf meenam. De Hongaarse ultramontaanse clerus zette direct na het Mayerling-drama een roddelcampagne op touw tegen Rudolfs vroegere vrijzinnige Hongaarse leermeester, de priester Ronay. Er werd in de kranten zonder omhaal gesuggereerd dat Ronay betrokken was bij een complot om Rudolf aan de macht te brengen. Ronay hing zich op aan de rozenkrans die Rudolf hem had geschonken na diens terugkeer van een reis door het Heilige Land.

Aartshertog Johann Salvator van Toscane, Rudolfs medeliberaal en mede-anticlericaal, die eerst in Bulgarije, daarna in Hongarije gepoogd heeft een Habsburgse coup tegen Franz Joseph te ontketenen, trad direct na Mayerling op spectaculaire wijze uit het huis Habsburg. 'Ik ben,' verklaarde hij, 'te trots om een κ- und κ-niksnut te worden. Ik wil niet het geld van het volk opvreten zoals al die andere aartshertogelijke uitzuigers en leeglopers.' Hij noemde zich voortaan Johann Orth en trok uit het Mayerling-drama nóg een belangrijke conclusie: hij trouwde met het zes jaar oudere burgermeisje Milli Stubel dat jarenlang in het geheim zijn maitresse was geweest. Hij liet een speciaal schip bouwen om zich aan expedities te wijden. In 1890 dook hij daarmee nog eenmaal op in de Stille Zuidzee, sedertdien vernam nooit meer iemand iets van hem.

Marie Larisch, misschien de kwade genius achter Mayerling, verliet direct na het drama Wenen en Oostenrijk en leidde een avontuurlijk bestaan, dát op zijn minst. Over dit nog door drie mislukte huwelijken, door ruzies met en zelfmoorden van haar kinderen, door malversaties en prostitutie tijdens omzwervingen in Amerika, gekwelde leven publiceerde Brigitte Sokop enkele jaren geleden een als nogal rehabiliterend bedoelde monumentale biografie (bij Böhlau). Marie Larisch stierf in 1940 in een armenhuis. De herinneringen – diverse titels – die ze over haar jaren tussen de Wittelsbacher en Habsburgers publiceerde, zitten te vol verdichtsels en romantiseringen om ze serieus als bronnen te benutten, zoals toch Brigitte Hamann en Gerd Holler in hun recente studies deden. Vlak na de oorlog kwam Marie Larisch nog eenmaal in opspraak. Luis Trenker, de nazibergbeklimmer, bleek de vervalser te zijn van het zogenaamde dagboek van Eva Braun. Zestig tot zeventig procent met pikante details daarin bleek vrijwel regelrecht overgeschreven uit boeken van Marie Larisch.

Nazi-Habsburger

Honderd jaar Mayerling herdacht Brigitte Hamann met twee boeken. Voor Amalthea verzorgde ze het boek met voornamelijk foto's en reproducties *Rudolf, der Weg nach Mayerling*. Ze achterhaalde een verrassend groot aantal foto's van Rudolf in zijn geliefkoosde historische vermommingen: als Rudolf de Eerste, de Habsburgaartsvader, – die overigens wel eens de meest grandioze mislukkeling uit de geschiedenis is genoemd, – als Karel de Vijfde, als Ferdinand de Tweede, als Richard Leeuwenhart, als Karel de Grote, als Karel van Lotharingen, als Don Juan van Oostenrijk, de zegevierder bij Lepanto over de Moren etc.

In het boek nam Brigitte Hamann ook een foto op van het enige gedenkteken dat voor Rudolf werd opgericht: op

Korfu, door Sisi. Het gedenkteken met het protserige *Rudolfus, coronae princeps*, er op gebeiteld, is na Sisi's dood eerst overgebracht naar Mayerling, daarna naar Wenen, waar het in de oorlog zwaar werd beschadigd. De resten worden nu bewaard in een depot van een museum in Wenen. Brigitte Hamann redigeerde voor Piper voorts *Die Habsburger, ein biographisches Lexicon*. In dit prachtvol uitgevoerde boek komen we ook de laatste details tegen over Otto (de oudste zoon van de laatst regerende keizer Karel en keizerin Zita) die in 1962 officieel al zijn koninklijke pretenties opgaf en sedert tien jaar Duits staatsburger is. Hij zit voor de CDU in het Europese parlement. Brigitte Hamann kon niet meer vermelden dat Otto in 1988 in dat parlement dominee Paisley nog een draai om z'n oren gaf, toen deze zich tegen een verenigd Europa verzette omdat daarover natuurlijk het vierde beest, de antichrist in Rome zou gaan regeren.

Het boek wordt afgesloten met de onvermijdelijke Z van Zita, de half maart 1989 op 97-jarige leeftijd overleden laatste K- und K-keizerin, die in het Johannisstift in Graubünden woonde, na vele jaren te hebben doorgebracht op Madeira waar in 1922 haar man, Karel de Laatste, stierf. Hij heeft vlak na de Eerste Wereldoorlog nog tweemaal een poging gedaan om met laatste getrouwen tijdens 'bezoeken' aan Hongarije met een legercoup de troon te heroveren. Hij zou daarbij zijn aangemoedigd door Clemenceau. Maar de Reichsverweser Horthy voelde zich op zijn onafscheidelijke witte paard – dáárom, beweerden sommigen, werd hij admiraal genoemd – zo vast in het zadel van de macht dat hij Karel en zijn gevolg ondanks halve toezeggingen op het beslissende moment toch het land liet uitzetten. Hij bleef liever zelf aan de macht in eeuwigdurende afwachting van een Habsburgse terugkeer. In 1982 kwam ex-keizerin Zita met de fantastische bewering dat Rudolf in Mayerling in opdracht van Clemenceau was vermoord. Dit was ongetwijfeld een wraak voor de door Clemenceau geïnspireerde mislukte bezoeken van Karel.

Mogelijk uit kiesheid vermeldt Brigitte Hamann bij de uit een Habsburgzijtak afkomstige aartshertog Albrecht niet, dat deze óók nog Hongaarse troonpretendent is geweest.

Maar op een heel schandelijke manier, zó, dat zijn optreden bijna de historische anti-climax is van de liberale, Groot-Oostenrijkse , anti-Duitse progressieve Hongaarse droom van Rudolf. De in 1897 geboren Albrecht verbond zich in 1944 met de meer dan nazistische Pijlkruisers van Szalassi die in oktober van dat jaar eindelijk door de Duitsers aan de macht waren gebracht. De Pijlkruisers voerden vervolgens in samenwerking met Eichmann alsnog de genocide uit van de tot dan toe door Horthy voor de pogrom gespaarde 200.000 Hongaarse joden. De gek wordende massamoordenaar en ultra-anti-semiet Szalassi liet zich tot de nieuwe Reichsverweser kronen. Na de overwinning hoopt Albrecht officieel de nieuwe koning van Hongarije te worden, dat in het kader van Szalassi's *Hongarisme* zou heersen over de hele Balkan. Albrecht vocht als vurig naziklant mee in de slag om Boedapest, eind 1944, begin 1945. Toen de ss-divisie das Reich nog in maart 1945 – Operatie Frühlingserwachen! – een laatste Duitse offensief ontketende tot ontzet van Boedapest liet de Habsburger Albrecht in Wenen alle klokken die er nog over waren luiden van blijde hoop. Na de Duitse ineenstorting dook Albrecht onder in kloosters en wist tenslotte een vliegtuig te pikken naar Argentinië. Hij vestigde zich in Buenos Aires, waar hij goed bevriend was met Peron en temidden van de laatste nazi's, tot aan zijn dood in 1955, nog menig glas hief op zijn Groot-Duitse droom van een rond de *As*-mogendheden én Habsburg gegroepeerd Nieuw-Europa.

...si in haar meest geflatteerde, eeuwig jonge, intens zinnelijke schoonheid, schilde-
... van Winterhalter.

Zelfportret van keizerin Sisi aan haar schrijftafel.

Keizer Franz Joseph met Rudolf op jacht in Ischler-klederdracht. Eenmaal heeft Rudolf zich bij het schieten ooit verkeken en bijna zijn vader geveld.

Kroonprins Rudolf als zesjarige Oberstinhaber. Zijn eerste opvoeder Gondrecourt heeft met zijn pruisische dril van het kind dan al een zenuwpees gemaakt, die 's nachts in bed plast, veel last van nachtmerries heeft, overdag geregeld flauwvalt en lijdt aan hevige driftbuien.

Gondrecourt liet, terwijl de vader soms uit het venster toekeek, Rudolf in de nacht of vroege ochtend op de pleinen van de Hofburg exerceren. Ook schoot hij graag ineens een geweer af, of zelfs een klein model kanon om Rufolf flink te leren worden tegen het ritme van het slagveld.

Rudolf als vijfjarige te paard. Hij zal nooit een groot ruiter worden. Sisi verbiedt hem tijdens lange tochten haar te paard te vergezellen, Rudolfs rijden steekt te stuntelig af tegen haar hogeschool. Na zijn twintigste kreeg Rudolf voorts geregeld last van aambeien en tegen zijn dertigste leed hij aan lichte vormen van gewrichtsreumatiek, mogelijk ook aan zeer vroegtijdige heup- en rugslijtage. Hij bewoog zich met kleine pasjes.

Rudolf als zesjarige Oberstinhaber met de twintig eveneens tot de k – und k – Armee behorende Habsburgse aartshertogen. Rechts van Rudolf keizer Franz Joseph, links de in 1848 ten behoeve van Franz Joseph afgetreden Ferdinand I, der Gütige, die in de volksmond ook de bijnaam Gutinand der Fertige kreeg na zijn aftreden.

Tekening van Rudolf als achtjarige. Bijna alle tekeningen van de kleine Rudolf draaien om vogels. Als hij op vogels schiet, staat zijn vader altijd achter hem, alsof Rudolf onbewust wil aangeven dat hij slechts schoot omdat de vader het zo wilde.

In burgerplunje helpt Rudolf met zijn eigen karretje stenen sjouwen bij de bouw aan de nieuwe Ringstrasse. Achter hem zien aartshertog Franz Karel en Rudolfs opvoeder Latour met gemengde gevoelens toe.

Rudolf als zesjarige in de diverse unifor-
men als k – und k – Oberstinhaber van
het 19e Infanterieregiment.

Franz Joseph als koning van Hongarije, Sisi als koningin van Hongarije, met Gisela en Rudolf in de tuin van het kasteel Gödölö bij Boedapest, door het Hongaarse volk in 1867 aan de Habsburgers geschonken uit dank voor de toegestane Ausgleich. Gödölö zal sedertdien tal van malen residentie van Sisi zijn. Met Rudolf, die het Hongaars veel beter beheerst dan zijn vader, spreekt en correspondeert Sisi bij voorkeur in het Hongaars. In Gödölö heeft Rudolf nog in 1888 ontmoetingen gehad met de liberale aristocraten, die Rudolf met een coup tot koning van Hongarije wilden kronen om de Balkan tot het progressieve Hongaars-Slavische Rijk van het Midden tussen de Europese grootmachten te maken.

De 16-jarige prinses Stefanie en de 22-jarige kroonprins Rudolf als bruidspaar, mei 1881.

Stefanie als vorstin van Lonyay, 1933.

EHREN-DIPLOM
des
Deutschen Vereins zum Schutze der Vogelwelt
für
Se. k. k. Hoheit den Kronprinzen von Oesterreich-Ungarn
Herrn
Erzherzog Rudolph.

Zangenberg, den 6. December 1882.

DAS PRÄSIDIUM:

Erediploma van de Duitse Vereniging tot bescherming van de vogelwereld voor Rudolf uit 1882. Rudolf was vanaf 1884 protector van het door hem in Wenen in het leven geroepen Ornithologen-congres. Hij schreef zelf verscheidene boeken en artikelen over vogels. De fameuze dertig jaar oudere bioloog Brehm dweepte met de kroonprins en maakte tenminste acht grote reizen met hem. Vooral in Kroatië hebben Brehm en Rudolf veel gedaan tegen de meedogenloze jacht op zeldzaam wordende vogelsoorten. Brehm was vrijdenker, darwinist en vrijmetselaar. In 1880 verbood keizer Franz Joseph Rudolf nog langer contact met Brehm te onderhouden. Rudolf bleef echter Brehms voordrachten bijwonen, evenals die van de eveneens door het Hof tot persona non grata verklaarde darwinist Häckel.

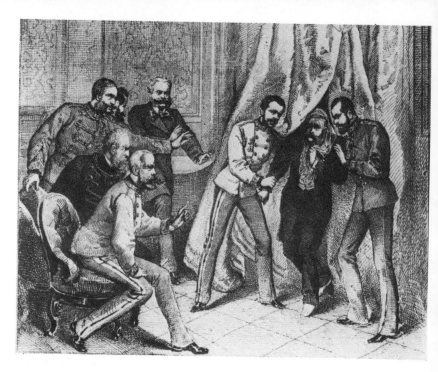

In het begin van de jaren tachtig heerste aan het k – und k – Hof een rage voor zwarte kunst en spiritisme. 'Soms,' noteerde Rudolf in een van zijn schaarse dagboekaantekeningen, 'vliegen de tafels en stoelen je om de oren in plaats dat je er gewoon op kan zitten.' De tekening toont de ontmaskering in de Hofburg van een truc van het medium Bastian, waar ook Sisi zo mee dweepte. Links Rudolf, rechts van Bastian aartshertog Johann Salvator, de latere Johannes Orth. Met hem zou Rudolf betrokken zijn geraakt in een Hongaarse samenzwering tegen zijn eigen vader. Na de ongeregeldheden in Boedapest in de laatste week van januari 1889 en na de nederlaag van de links-liberalen die voor een verzelfstandiging van het Hongaarse leger hadden gepleit, zou Rudolf zich uit de beraamde coup hebben teruggetrokken. Johannes Orth, die op de hoogte was van Rudolfs vertrek naar Mayerling, liet de radicale Hongaarse graaf Karolyi drie telegrammen naar Mayerling zenden. Vergeefs, Rudolf reageerde niet meer. Keizerlijke spionnen volgden overigens ook de gebeurtenissen in het jachtslot, Franz Joseph moet zelfs van de inhoud van Karolyi's telegrammen op de hoogte zijn geweest. Een hardnekkige mare na het drama – Mayerling was dat Johannes Orth in vermomming het jachtslot binnendrong en Rudolf doodde vanwege diens ontrouw aan de Hongaarse coup. Van deze moordaanslag zou Franz Joseph hebben geweten. Johannes Orth werd vlak na het drama – Mayerling uit Wenen verbannen. Van hem ontbrak, nadat hij op scheepsreis naar de Stille Oceaan vertrokken was, ineens elk spoor.

Kroonprins Rudolf als admiraal van de k – und k – vloot, samen met de Moor Rustimo, die Sisi van haar zwager Karl Ludwig – die in alle vroomheid tijdens een reis door het Heilige Land zou sterven – kado kreeg.

In 1886 voerde de k – und k – Armee ook de Velociped-afdeling in, de fiets gold als Equipage van de Toekomst, Rudolf, die zich als modernist onmiddellijk een aanhanger van de fiets toonde, inspecteert hier de eerste k – und k – rijwielbrigade.

Redactievergadering op de Hofburg voor het 24-delige *Die österreichisch-ungarische Monarchie im Wort und Bild*. Rudolf was hoofdredacteur van het werk. Hij redigeerde zelf alle ingeleverde artikelen en schreef een aantal bijdragen, waaronder het hoofdstuk over de joden in de k – und k – monarchie.

Rudolfs werkkamer in de Hofburg. Rudolf was ook een hartstochtelijk amateurarchaeoloog. Op zijn buro lag altijd een doodskop. Het was het eerste wat Mary Vetsera opviel toen ze voor het eerst het vertrek betrad. Op haar kamer thuis hing ze vervolgens zelf een miniatuur-doodskop aan het kruisbeeld boven haar bed, waarin ze de letter R (Rudolf? Regina?) graveerde.

Vorrede:

Die Wogen der Parteikämpfe schlagen hoch auf. Die Vertreter verschiedener Nationalitäten stehen sich von Tag zu Tag schroffer gegenüber, durch ihre Kämpfe dringt Unruhe, Unsicherheit und eine das Gesamtwohl des Reiches schädigende Erregtheit in alle Schichten der Bevölkerung.

Die Journale nützen die Stimmungen für ihre Zwecke aus, und unwillkürlich bemächtigen sich jedes treuen Oesterreichers ernste Gedanken, die ihm aufgedrungen werden durch das sich von Tag zu Tag wilder gestaltende Treiben des politischen Lebens. Solche Gedanken sind es, die in letzterer Zeit oft durchgedacht und allmählig gesammelt, endlich zu Papier gebracht, diese kleine politische Studie entstehen ließen.

Ein treuer, dankbarer Schüler unterbreitet sie gehorsamst, seinem erhabenen, viel erfahrenen Meister, zur gnädigen, nachsichtigen Prüfung.

Rudolfs eerste politieke memorandum, geschreven in Praag, 1881, en opgedragen aan zijn opvoeder Latour.

Opening door kroonprins Rudolf van de electriciteitstentoonstelling in Wenen op 16 augustus 1883. 'Een zee van licht straalt uit deze stad om nieuwe vooruitgang tot stand te brengen.'

Moriz Szeps, vriend en verwant van Clemenceau, uitgever en hoofdredacteur van het Wiener Tagblatt, nauw bevriend met Rudolf, die geregeld in Szeps' blad of via Szeps in andere progressieve bladen publiceerde. De vriendschap met deze invloedrijke Szeps vooral bezorgde Rudolf bij de pan-germanisten de scheldnaam 'verkochte jodenvriend.'

Rudolf in Jerusalem in 1881. Rudolf nam er deel aan alle plechtigheden rond het Paasfeest, zoals hij dat ook in Wenen steeds deed. De aan Pasen voorafgaande Goede of Stille Week stond in Wenen dan altijd bol van allerlei koninklijke en aristocratische activiteiten voor de armen. Het keizerlijke paar waste op Witte Donderdag bijvoorbeeld zelf de voeten van bejaarde armen. Aan Rudolfs feitelijke agnosticisme valt echter niet te twijfelen, evenmin als aan zijn consequente anti-papisme. Op tweede kerstdag 1873 schreef hij als veertienjarige aan zijn opvoeder Latour: 'De priesters schaden het meest daardoor dat ze het volk bijgelovig en overdreven vroom houden om het des te gemakkelijker te kunnen laten uitzuigen en onderdrukken, zodat vooral de adel maar vrij spel heeft om met de arme mensen te doen wat ze wil.'

Krawallen in Wenen tussen Pan-Germanen en anti-semieten en aanhangers van Rudolfs Groot-Oostenrijkse blad Schwarz-Gelb, 1888.

Briefje waarop de Duitse 'tussenkeizer' van 99 dagen, de door Rudolf zeer vereerde, liberaal-progressieve Friedrich III, het contact met zijn omgeving onderhield. Keelkanker belette hem te spreken. Op dit briefje lezen wij: 'Het spijt me zeer dat ik geen enkele vooruitgang boek'. Hij overleed in 1888.

De latere Duitse keizer van 99 dagen, Friedrich III, als kroonprins Friedrich Wilhelm. Hij was parlementarisch en Engels gezind, hij had liberale ideeën en was sociaal-progressief.

Keizer Wilhelm II, de fatale triomfalist. Portret uit 1890.

Een van de laatste opnamen van keizer Franz Joseph kort voor zijn dood, november 1916.

De laatste foto's van Mary Vetsera, januari 1889.

Georges Ernest Jean Marie Boulanger, als generaal en minister van oorlog in 1886. Onder leiding van de in koloniale oorlogen in Algerije en Indo-China, tegen Duitsland en Italië tot een legende geworden generaal, die de ogen van de vrouwen streelde, (vooral als hij te paard door de straten paradeerde), ontwikkelde in korte tijd een tegen het parlementarisme van de derde Franse republiek gerichte nationalistische volksbeweging. Het Boulangisme kreeg aanhang bij gematigde radicalen – Clemenceau, en extreem-radicalen – Rochefort, maar ook bij de monarchisten, de Bonapartisten, en de op het fascisme vooruitlopende rechts-extremisten, zoals Paul Deroulède, die de eerste zaalwachten en knuppelbendes organiseerde. Het monsterverbond van uiterst-linkse ex-Communards tot uiterst-rechtse legitimisten, gaf uitdrukking aan een massaal anti-republikeins, anti-burgerlijk heimwee, waarvan het verenigde radicalisme gedragen werd door de mythe van de Revanche tegen Duitsland.

Boulanger zou de nieuwe Zonnekoning, en Napoleon Bonaparte in één persoon worden! Op 27 januari 1889 behaalde Boulanger bij gemeentelijke verkiezingen in Parijs een verpletterende overwinning: 250.000 stemmen vóór, een meerderheid over de complete oppositie van 100.000 stemmen. 'Geef uw orders, generaal,' sprak de voor zijn tot de tanden gewapende stormtroepen opgestelde Deroulède in de snijdend – koude winternacht, 'beveel, en we trekken op naar de Elysee!' Boulanger ging naar huis en naar bed. 'Dat betekent,' zei Deroulède om vijf minuten over twaalf, 'dat het Boulangisme dood en begraven is.'

De kans op een staatsgreep kwam inderdaad niet meer terug, het Boulangisme verliep, Clemenceau werd Boulanger's felste vijand. Generaal Boulanger verspeelde zijn laatste energie in een hopeloze liefdesaffaire met de ernstig zieke burggravin Marguerite Bonnemains. Zij stierf op 35-jarige leeftijd in Boulangers armen, op 16 juli 1891, en werd begraven op het Belgische kerkhof Ixelles. De in vrijwillige ballingschap politiek volledig uitgerangeerde, bovendien vrijwel op zwart zaad zittende Boulanger bewees een grandiozer en trouwer minnaar dan politicus te zijn. Op het graf van Marguerite liet hij graveren 'Tot gauw.' Op 30 september 1891 wierp bij de teerling. Aan zijn wettige vrouw schreef hij met de adressering 'aan

mevrouw de weduwe Boulanger' een brief met de tekst: 'Het is voorbij, je kunt je gang gaan.' Boulanger schreef voorts nog de toe te voegen tekst op de grafsteen van Marguerite: 'Georges, 29 april 1837 – 30 september 1891: heb ik twee en een halve maand kunnen leven zonder jou?' Om half elf in de ochtend liet Boulanger zich naar het kerkhof van Ixelles rijden. Tegen de koetsier zei hij: 'Ik wil een paar minuten alleen bij het graf blijven.' Om half twaalf zette Boulanger, die voortdurend traag om het graf gelopen had, zijn hoed af, knielde neer, trok zijn revolver en schoot zich door de rechterslaap. Het is vrijwel zeker precies dezelfde dood als die van Rudolf in Mayerling.

Mizzi Caspar, met wie Rudolf zijn laatste nacht voor hij afreisde naar Mayerling doorbracht.

Het jachtslot Mayerling met bijgebouwen. Tekeningen van k – und – k Hoftelegrafist J. Schuldes, gemaakt kort na de officiële ingebruikneming van het kasteelcomplex door kroonprins Rudolf tijdens een bruisende feestnacht van de 19e op de 20e oktober 1887.

Kroonprins Rudolf, kerstfeest 1888.

Het laatste kerstfeest van Rudolf op de Hofburg, 1888. Uiterst links Rudolfs jongste zuster Marie Valerie, die toen ze voor het eerst hoorde dat er iets gebeurd was in
Mayerling, spontaan stelde: 'Dus Rudolf heeft zelfmoord gepleegd!' Links op de
voorgrond de vijfjarige dochter van Rudolf, Erzsi, van wie Rudolf voor zijn vertrek naar Mayerling geen afscheid meer kon nemen omdat ze net op de po zat en
haar Wowo Rudolf niet toestand haar in die toestand toe te spreken.

Anna Nahowski, het *süsse wiener Mädl*, dat van 1874 tot 29 december 1888 – precies een maand vóór het drama – Mayerling – de vriendin en minnares was van keizer Franz Joseph. Opvallend is haar gelijkenis met de barones Mary Vetsera.

Kroonprins Rudolf en de Duitse kroonprins Wilhelm die nog tijdens Rudolfs leven als Wilhelm II keizer van Duitsland werd. De twee mannen koesterden na de eerste kennismaking al een felle haat tegen elkaar. Rudolf zou aan de journalist Szeps bij zijn laatste gesprek in de Hofburg meegedeeld hebben bang te zijn op zijn aanstaande bezoek aan Duitsland een poging te zullen doen keizer Wilhelm II uit te schakelen.

Oesterreich-Ungarn und seine Alliancen.

Offener Brief

an

S. M. Kaiser Franz Joseph I.

von

Julius Felix.

PARIS

AUGUSTE GHIO, ÉDITEUR

PALAIS-ROYAL, 1, 2, 5 ET 7, GALERIE D'ORLÉANS

1888

Alle Rechte vorbehalten.

Rudolfs legendarische brief aan de vader, het onder het pseudoniem Julius Felix bij Ohio in Parijs in het voorjaar van 1888 gepubliceerde Österreich – Ungarn und seine Allianzen, offener Brief aan S. M. Kaiser Franz Joseph I. Rudolf werpt de teerling. Na de 99 doodzieke dagen van de liberale Duitse tussenkeizer Friedrich III wordt Rudolfs absolute anti-pode, de 29-jarige Wilhelm II, keizer van het Duitse rijk. Rudolf bepleit een breuk met Duitsland en een alliantie van Oostenrijk met Frankrijk en Rusland om Duitsland in te sluiten. Het is vrijwel zeker dat een exemplaar van dit strijdschrift door de k – und k – geheime dienst in handen van Franz Joseph is gespeeld. Deze zou de open brief van zijn zoon (evenals de vader van Kafka met de brief van zijn zoon deed) op het nachtkastje gelegd hebben met de woorden 'Der Rudolf plauscht wieder'.

Mary Vetsera als 16-jarige, toen zij haar eerste verliefde brief aan Rudolf schreef.

De moeder van Rudolfs laatste geliefde, de barones Helene Vetsera. Toen Rudolf nog nauwelijks achttien was heeft zij zelf geprobeerd diens vriendin te worden. Keizer Franz sprak openlijk zijn ergernis uit over haar schaamteloze flirt. Na de verdwijning van haar dochter naar Mayerling heeft ze wanhopig geprobeerd de politie in te schakelen en zelfs belet gevraagd bij minister-president Taaffe, die haar neuriënd tegemoet trad en zijn opgeluchte vrolijkheid over Rudolfs ondergang en dood ook later nimmer onder stoelen of banken heeft gestoken. Helene Vetsera kreeg geen toestemming om haar dochter te begraven. Kort na het drama publiceerde ze een verslag van het drama in haar ogen, dat veel weg had van een anti-Habsburgs strijdschrift.

De laatste foto's van Rudolf voor hij naar Mayerling vertrok. Hij draagt de Hongaarse Ulanenpels waarop hij erg trots was. Volgens zijn vrouw Stefanie, die Rudolfs ouders bij herhaling waarschuwde, verkeerde Rudolf door ziekte, slapeloosheid, spanningen en uiterst ongeregelde leefwijze in een bijzonder labiele conditie.

5 november 1888, links gravin Marie Larisch, *belle dame sans merci,* rechts Mary
Vetsera, die zich Marie's vriendin waande.

Redaction u. Administration.
Wien, Währing, Herrengasse 12.

Das politische Journal „Schwarzgelb"
kann bei allen Postämtern mittelst Brie-
fen oder Vorausbestellungen an die Administration des „Schwarzgelb" in Wien,
Währing, Herrengasse 12, abonnirt werden. Auch sämmtliche Buchhandlungen
nehmen Abonnements an.

Unversiegelte Reclamationen wegen nicht
erhaltener Nummern werden von der
Post portofrei befördert.

Inserate finden im „Schwarzgelb" die
weiteste Verbreitung und sind an die
Administration zu adressiren. Sämmtliche Inseraten-Bureaux des In- u. Aus-
landes übernehmen Inserate für das
politische Journal „Schwarzgelb".

SCHWARZGELB

Politisches Journal

Organ für altösterreichische und gesammtstaatliche Ideen.

Erscheint jeden Mittwoch.

Abonnements-Bedingnisse:
Das politische Journal „Schwarzgelb"
erscheint jeden Mittwoch und ist das
billigste politische Journal, denn es
kostet bloß:

Für Wien und die österreichische
Monarchie
mit Postversendung: 1 fl. ganzjährig,
2 fl. halbjährig, 1 fl. vierteljährig.
Für das Ausland mit Postversendung:
10 fl. ganzj. 5 fl. halbj., 2 fl. viertelj.
Einzelnummern à 13 kr.

Zusendungen für die Redaction & Administration können auch in unserer
Druckerei, Wien, IX., Myrrgasse 2, ab-
gegeben werden.

Die Manuskripte werden nach ihrer Ver-
wendung verbrennt. Unverwendete Ma-
nuscripte werden nicht zurückgeschickt.

Nr. 3.   Wien, Mittwoch den 16. Jänner 1889.   II. Jahrgang.

Die Zehn Gebote des Oesterreichers.

1. Gebot:

Du sollst keinen anderen politischen Glauben haben, als den Glauben an das alte, einige und ungetheilte kai-
serliche Oesterreich, wie es in Jahrhunderten emporgewachsen ist und an welches deine Väter und Vorväter geglaubt haben.

2. Gebot:

Du sollst dir keine neuen Götter machen, keine neuen Programme, keine neuen Staatsideen, sondern mit deinem
ganzen Herzen an dem alten Oesterreich hängen, für welches deine Vorfahren Ströme von Blut vergossen haben.

3. Gebot:

Du sollst dich vor keinem anderen Kaiser neigen als nur vor deinem Kaiser, vor dem Kaiser von Oesterreich,
welcher auf dem ältesten und berühmtesten Throne der Welt sitzt und für dein Wohl und für das Wohl deiner Kinder
wie ein Vater sorgt.

4. Gebot:

Du sollst keinen Götzendienst treiben weder mit Preußen noch mit dem von Preußen beherrschten Deutschland.

5. Gebot:

Du sollst dich nicht fürchten vor Bismarck oder vor Moltke und dir stets vor Augen halten, daß sie beide be-
reits müde und schwache Greise sind, die jeden Augenblick vor den Richterstuhl Gottes berufen werden können.

6. Gebot:

Du sollst nicht begehren die Unterdrückung einer Nation, noch die Herrschaft einer Nation über die andere, denn
die vollständige nationale Gleichberechtigung und die absolute Gerechtigkeit gegen alle Nationen bilden die sicherste Grundlage
der österreichischen Staatsexistenz.

7. Gebot:

Du sollst dich nicht bethören lassen durch die trügerische Lockung, daß Oesterreich seinen Schwerpunkt nach Osten
verlegen soll, und sollst unerschütterlich daran festhalten, daß Oesterreich bleiben muß, was es war und wo es war.

8. Gebot:

Du sollst mit felsenfester Zuversicht auf die Zukunft Oesterreichs vertrauen und dir von Niemandem die Ueber-
zeugung rauben lassen, daß Oesterreich ebenso eine Nothwendigkeit für die eigenen Völker wie für das europäische Gleichgewicht ist.

9. Gebot:

Du sollst nicht vergessen, daß Oesterreich die größte Monarchie der Welt war, in welcher die Sonne nicht unter-
gieng, daß es noch bis auf unsere Tage in Deutschland und Italien regiert hat und daß es von der Vorsehung berufen ist
bis an das Ende aller Welten zu bestehen.

10. Gebot:

Du sollst bei Tag und bei Nacht unablässig darauf sinnen, wie Oesterreich seine frühere Macht und Bedeutung
zurückgewinnen kann.

Rudolfs laatste polemische poging in geschrifte om de noodlottige omhelzing van
Oostenrijk en Duitsland te doorbreken: Schwarzgelb, politisches Journal. Organ
für altösterreichische und gesamtstaatliche Ideen. In het derde nummer van dit
mede door Rudolf gefinancierde en geredigeerde weekblad, van 16 januari 1889,
publiceerde hij de fel anti-Duitse Tien geboden van de Oostenrijker. In Schwarzgelb werd ook scherp van leer getrokken tegen het pan-germanisme en anti-semitisme.

Het laatste schilderij van Rudolf door de Poolse schilder Tadeusz Adjukiewicz. Rudolf poseerde nog voor hem op de ochtend van de 27e januari 1889. Om het werk voor de schilder te vergemakkelijken had Rudolf zijn uniformjas uitgetrokken en later vergeten mee te nemen. Na het drama – Mayerling trof men in een jaszak een voor de gravin Marie Larisch bestemde brief, die er op zou hebben gewezen dat ze betaalde diensten voor Rudolf verrichtte en dus ook een sleutelfiguur kan zijn geweest in Rudolfs relatie met Mary Vetsera. Vanwege deze brief werd zij dadelijk van het Hof en uit Oostenrijk verbannen.

Op de 27e januari had Rudolf overigens juist het bericht gekregen, dat hij benoemd was tot goeverneur van Bosnië. Het gerucht van deze benoeming zou ook Mary Vetsera hebben bereikt. Volgens haar Franse leraar, met wie ze briefjes uitwisselde, zou ze na dit te hebben gehoord haar besluit hebben genomen op Rudolfs suggestie tot de dubbelzelfmoord in te gaan. Indien zij zou hebben geweigerd, zou Rudolf zich wellicht naar Bosnië hebben begeven.

Rudolf op de avond van de 27e januari, toen hij voor de laatste maal in de openbaarheid trad op de Duitse ambassade in Wenen waar de verjaardag van Rudolfs aartsvijand Wilhelm II werd gevierd. Met grote tegenzin hees Rudolf zich nog eenmaal in het verwenste uniform van het pruisische tweede Ulanenregiment.

Rudolfs afscheidsbrief uit Mayerling aan zijn vrouw Stefanie.

Liebe Stefanie!

Du bist von meiner Gegenwart und Plage befreit; werde glücklicher auf Deine Art.

Sei gut für die arme Kleine, die das einzige ist, was von mir übrig bleibt.

Allen Bekannten, besonders Bombelles, Spindler, Latour, Wörz,

Gisela, Leopold, etc etc, sage meine letzten Grüße.

Ich gehe ruhig in den Tod, der allein meinen guten Namen retten kann.

Dich herzlichst umarmend, Dein Dich liebender

Rudolf

Rudolfs kamerdienaar Johann Loschek, die in zijn in 1932 gepubliceerde herinneringen stelde dat hij tien minuten over zes op de ochtend van de 30e januari twee schoten had gehoord.

In de slaap- en sterfkamer van Rudolf en Mary in Mayerling, naar een reconstructie van Mayerling-specialist Fritz Judtmann, zong Bratfisch nog een laatste maal zijn Wiener Lieder und couplets für Gesang und Pianofortebegleitung, zoals die ook in muziekwinkels werden verkocht.

Graaf Josef Hoyos heeft op de ochtend van de 30e januari 1889 de Hofburg bereikt.
Hij zal melden dat Mary Vetsera de kroonprinses met cyaankali heeft omgebracht.
Het Hof maakte daar in eerste instantie hartaanval of beroerte van. Hoyos genoot
een slechte reputatie. De Weners vertelden elkaar dat Hoyos zo vlug uit Mayerling
in de Hofburg was, omdat hij natuurlijk rekende op een hoge beloning die hij als
eerste aanbrenger van de begrafenisondernemers zou ontvangen.

De Weense avondbladen van de 29e januari 1889 melden de dood van kroonprins Rudolf.

Het gebalsemde lijk van Rudolf ligt op een hoge katafalk in de kapel van de ➤ Hofburg. Onder de honderden die zich verdrongen deden tenminste drie personen pogingen tot zelfmoord. Op de katafalk lag een krans met de tekst: *A l'archiduc Rodolphe, la France, la Presse française.*

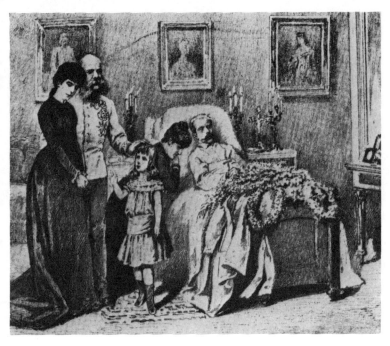

Sisi, Franz Joseph, Erzsi en een knielende Stefanie bij het opgebaarde lijk van Rudolf, de in Wenen meestverkochte tekening direct na het drama – Mayerling.

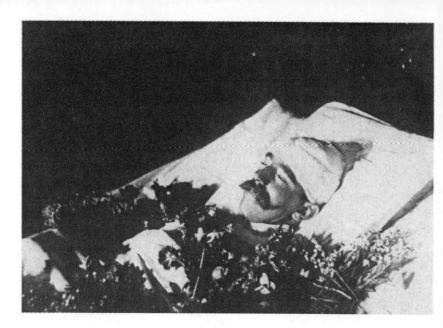

Rudolf ligt opgebaard in de Weense Hofburg, met een band om de schedel. Deze moet door het binnengedrongen projectiel – zo goed als zeker een kogel uit Rudolfs eigen revolver, hij schoot zich mikkend in een spiegel vóór hem, door de rechterslaap, na eerst Mary Vetsera te hebben gedood – grotendeels verbrijzeld zijn. De 'reconstructie' van het hoofd in het verband gold als een zeldzaam staaltje vakwerk van de artsen.

De binnen een jaar na het drama-Mayerling in opdracht van keizer Franz Joseph gebouwde Rudolf-gedachteniskapel, waar Karmelietessen van de Altijd durende Aanbidding voor het zieleheil van kroonprins Rudolf baden, precies op de plek waar het rustbed heeft gestaan, waarop de lijken van Rudolf en Mary Vetsera werden aangetroffen na de bloednacht van Mayerling.

Het enige gedenkteken voor kroonprins Rudolf: het Rudolfus monument dat Sisi liet oprichten bij haar kasteeltje Achilleion op Corfu. Het monument werd later eerst naar Mayerling, vervolgens naar Wenen overgebracht waar het in 1945 bij een bombardement zwaar werd beschadigd. De brokstukken bevinden zich thans in het depot van een museum. Daarop zijn de woorden Rudolfus, coronae princeps Austriae Hungariae nog te lezen.

Het graf van Mary Vetsera in Heiligenkreuz. De grafsteen bevat de inscriptie: 'Wie die Blume sprosst der Mensch auf und wird gebrochen.'

Leopold Petznek, tweede echtgenoot van Rudolfs dochter Erzsi, spreekt de opstandige austro-marxistische arbeiders van Wenen toe, tijdens de korte burgeroorlog van februari 1934.

Caricatuur van Rudolf door aartshertog Albrecht. De in 1817 geboren, in 1895 gestorven oud-oom van Rudolf was de grijze eminentie onder de aartshertogen sedert hij in 1866 bij Custozza de laatste Oostenrijkse overwinning te velde bevocht, tegen de Habsburg in de rug aanvallende Italianen. 'Als beloning voor deze overwinning,' hoonde Rudolf als zestienjarige, 'stonden wij Venetië af aan de Italianen, die immers altijd voor hun nederlagen wensen te worden beloond'. Rudolf bewonderde aanvankelijk Albrecht enorm, als militair, als kunstverzamelaar (hij stichtte de *Albertina*). Albrecht streefde naar een vaster verbond van Habsburg met Rusland, tégen Duitsland. Rudolf deelde Albrechts anti-pruisische instelling volkomen en schreef voor Albrecht zelfs uit sympathie het omvangrijke Die erzherzoglich Albrecht'schen Domänen in Schlesien, opgenomen in Rudolfs in 1979 in Wenen heruitgegeven Geheime und private Schriften. Rudolfs vervreemding van Albrecht was een gevolg van diens steeds strakker conservatieve en clericale voorkeuren. Albrecht keurde Rudolfs liberalisme en vrijzinnigheid ten diepste af, evenals diens streven naar een verbond met het republikeinse Frankrijk. De haat tussen beiden nam tenslotte zulke monumentale vormen aan, dat direct na het drama Mayerling van diverse zijden de these werd verkondigd, dat Rudolf was vermoord in opdracht van Albrecht als General-Inspektor van het leger.

Keizerin Sisi met Franz Joseph op een van hun laatste gezamenlijke wandelingen, kort voor de moord op Sisi in 1898. Sisi ging sedert de dood van Rudolf altijd in het zwart gekleed en beschermde, of de zon nu scheen of niet, bij het wandelen altijd haar gezicht met een paraplu of zonnescherm.

Rudolfs dochter Erzsi als weduwe van de sociaal-democratische politicus Petznek, vlak vóór haar dood. Zeer kwaadaardige herdershonden vormden haar lijfwacht en sliepen bij Erzsi in bed.

Erzsi, dochter van kroonprins Rudolf, met haar eerste echtgenoot, Otto Windischgraetz, die met Erzsi trouwde op bevel van Franz Joseph, nadat Erzsi haar grootvader om deze man had gesmeekt. Otto verbrak hiervoor een andere liefdesrelatie.
Het uitermate slechte huwelijk bereikte een climax, toen Erzsi op haar voortdurend
overspelige echtgenoot schoot, en maar net miste.

Erzsi, dochter van kroonprins Rudolf, als 18-jarige verloofde.

Begrafenis van Rudi, kleinzoon van kroonprins Rudolf, na diens motorongeluk,
juni 1939. Rudi's kameraden brengen de bij het graf van een Habsburger immens
beledigende nazi-groet.

Keizer Franz Joseph met Otto (september 1914), die in 1923 troonpretendent zou worden. Van zijn aanspraken op de keizerstroon van Oostenrijk heeft Otto afstand gedaan, mede om Oostenrijk (landgoederen) weer te kunnen bezoeken. Heden staan zijn aanspraken op de 'vacante' Hongaarse troon nog recht overeind, zodat de Hongaarse monarchisten in de eerste week van maart 1989, toen Otto Budapest bezocht, hem met gejuich ontvingen.

De laatste keizer van de k – und k – monarchie en koning van Hongarije, Karel met de in 1989 overleden keizerin Zita. Tussen hen in Otto van Habsburg, thans lid van de Raad van Europa voor de CDU.

Karel en Zita wonen de Mis bij van een veldkapelaan in een voorstadje van Boedapest. Karel brengt een gewapend 'bezoek' aan Hongarije, het is in wezen een
poging tot herstel van de monarchie. In 1921 deed Karel twee zulke door Frankrijk
angemoedigde, door de Hongaarse dictator admiraal Horthy in de kiem ge-
moorde restauratie-pogingen.

Otto van Habsburg is een historicus van rang en reputatie. Zijn biografie van ~~de~~
roemrijke voorvader Karel de Vijfde werd een standaardwerk.

Op 4 november 1944 wordt Ferenc Szalasi, leider van de Hongaarse fascistische pijlkruisers, na een putsch waarbij hij met de steun van de Duitsers het bewind van admiraal Horthy eindelijk omverwierp, de nieuwe Reichsverweser van Hongarije. Hij legde de eed af die de nationaal-socialistische aartshertog Albrecht zo graag had willen afleggen. Szalasi blokkeerde diens Habsburg-restauratie. 'Ik ben geen ezel op wiens rug een Habsburger kan gaan rijden.'

Aartshertog Albrecht streefde al sedert 1923, toen hij Hitler steunde bij diens mislukte putsch in München, naar een door het nationaal-socialisme gesauveerd Hongaars troonherstel. Hij was een aartsvijand van Otto van Habsburg die nog in 1940 van Roosevelt en Churchill te horen kreeg dat de geallieerden na de oorlog de Habsburger weer in Hongarije op de troon zouden brengen. Hitler had de kleine nazi-partijtjes, die door Albrecht in Hongarije financieel werden gesteund, bij herhaling verzekerd dat hij nooit een Habsburgse restauratie 'waar ook ter wereld' zou steunen.

De nazi-historicus Walter Frank, die een studie aan *Das Schicksal des Kronprinzen Rudolf* wijdde, oordeelde vernietigend over de rol van Habsburg in de geschiedenis in het algemeen en over die van de jodenknecht, vrijmetselaar en fatale duisterling Rudolf in het bijzonder.

Aartshertog Albrecht bleef de nazi's tot het einde trouw. Tijdens de slag om Boedapest 1944/45 – er zijn getuigenissen dat hij zelf aan de straatgevechten deelnam – verdween hij uit de Europese geschiedenis. Hij week uit naar Argentinië waar hij in 1955 als graaf Friedek overleed, temidden van *alte Kameraden*.

De apotheose: Habsburg in excelsis, kroonprins Rudolf ontvangt zijn moeder Elisabeth, na haar vermoording, in de hemel.